재미있다! 한국사

교과서 핵심을 담은 한국사 현장 수업
재미있다! 한국사 1

2015년 3월 30일 초판 1쇄 발행
2026년 1월 19일 초판 14쇄 발행

글	구완회
그림	김재희
펴낸이	염종선
책임편집	정편집실 천지현
디자인	반서윤
펴낸곳	(주)창비
등록	1986. 8. 5. 제85호
제조국	대한민국
주소	10881 경기도 파주시 회동길 184
전화	031-955-3333
팩스	031-955-3399(영업) 031-955-3400(편집)
홈페이지	www.changbikids.com
전자우편	dongmu@changbi.com

ⓒ 구완회, 김재희 2015
ISBN 978-89-364-4659-8 74910
ISBN 978-89-364-4960-5 (전6권)

* 이 책 내용의 일부 또는 전부를 재사용하려면 반드시 저작권자와 창비 양측의 동의를 얻어야 합니다.
* 책값은 뒤표지에 표시되어 있습니다. * KC마크는 이 제품이 공통안전기준에 적합하였음을 의미합니다.
* 사용 연령: 5세 이상 * 종이에 베이거나 긁히지 않도록 주의하세요.

재미있다! 한국사 ①

구완회 글 ● 김재희 그림 ● 김기흥 감수

창비

머 리 말

현장에서 배우는 우리 역사

"역사란 무엇일까요?"
여러분 또래의 친구들에게 역사에 대해 강연할 때 단골로 하는 질문입니다. 뜻밖의 질문에 당황한 탓인지 대개는 서로 눈치 보기 바쁘지요. 그러다 한 아이가 손을 번쩍 들고 대답합니다.
"옛날에 일어났던 일요."
"옳지. 그런데 옛날에 일어났던 일이 모두 역사일까?"
"음, 그중에서도 중요한 일요!"
"오, 그래! 그런데 뭐가 중요한 일이고 뭐가 안 중요한 일이지?"
"……."
보통 이쯤 되면 말문이 막히고 맙니다. 그러면 제가 대답하지요.
"역사적으로 중요한 일이란 사람들의 삶에 영향을 끼치고 시대 흐름을 바꾼 사건들을 말해. 단군이 고조선을 세운 뒤부터 사람들은 한반도에서 나라를 이루어 살게 되었어. 철로 농기구를 만들면서 곡식을 많이 거두게 되어 사람들의 생활이 풍요로워졌지. 또 고려 때 무신의 난이 일어나자 전국에서 농민과 노비가 잇따라 난을 일으켰고. 조선이라는 나라가 세워지고 유교를 국교로 삼자 사람들의 일상생활도 차츰 변했단다. 그런가 하면 6·25전쟁은 오늘날 남과 북이 갈라지는 데 결정적인 영향을 끼쳤고 말이야. 이렇게 사람들의 삶과 시대의 흐름을 바꾼 사건들이 모여서 역사를 이루는 거란다."

그리고 두 번째 질문을 합니다.

"우리는 왜 역사를 배워야 할까?"

"시험을 봐야 하니까요!"

순간 "와!" 하는 함성과 함께 웃음이 터져 나옵니다.

"이런, 시험을 보기 위해 역사를 배우는 게 아니야. 역사가 중요하기 때문에 학교에서 역사를 배우고 시험까지 보는 것이지. 방금 전에 시대 흐름을 바꾼 사건들이 모여 역사를 이룬다고 했지? 그러니까 역사를 알아야 지금 우리가 사는 세상이 왜 이런 모습이고, 앞으로 어떻게 변해 나갈지 알 수 있는 거야. 좀 더 나아가 생각해 보면 우리가 원하는 세상을 만들기 위해 무엇을 해야 하는지도 알 수 있을 테고."

고개를 끄덕이는 아이들이 생깁니다.

"그럼 역사를 어떻게 공부하는 것이 좋을까? 여기에는 여러 가지 방법이 있어. 그중에서도 역사 현장을 찾아가 유물과 유적을 직접 보는 방법을 추천하고 싶단다. 교실에서 배우는 것과는 비교할 수 없이 생생한 역사를 몸소 느낄 수 있거든. 현장에서 만나는 역사는 글로만 배우는 것보다 더더욱 실감 나고 머릿속에 오래오래 남는단다."

그리고 나서 역사 현장과 유물, 유적 사진을 같이 보면서 강연을 이어 갑니다.

자, 그럼 지금부터 여러분도 저와 함께 역사 현장으로 떠나 볼까요?

2015년 3월
구완회

차례

머리말 _ 현장에서 배우는 우리 역사 • 4
등장인물 • 11

1부 선사 시대 한반도 사람들

가볍게 떼자, 한국사 첫걸음 _ 국립중앙박물관

국립중앙박물관은 우리 역사의 보물 창고 • 16
교과서는 역사 여행의 보물 지도 • 18
중요한 건 호기심과 질문! • 20

우리 역사의 보물 창고, 국립중앙박물관 제대로 보기 • 24

구석기 시대 인류 진화의 행진 _ 전곡선사박물관

앞으로 앞으로! 인류 진화의 행진 • 29
인류가 아프리카를 떠난 까닭은? • 32
한반도에 구석기인 등장! • 33
구석기 시대의 동굴 집 속으로 • 36
다 같이 일하고 다 같이 나누다 • 39

구석기 시대로 가는 타임머신, 전곡선사박물관 • 44

신석기 시대에 혁명이 있었다고? _ 서울 암사동 유적

뾰족뾰족 뗀석기에서 반질반질 간석기로 • 48
토기가 생활을 바꾸다 • 50
신석기 혁명? 농업 혁명! • 52
다 같이 돌자, 신석기 마을 한 바퀴 • 54
신석기 시대 움집 속으로 • 57

가상 취재! 조개무지 발굴 일지 • 60
신석기 시대 마을 구경 가자! 서울 암사동 유적 • 62

 **청동기의 탄생, 지배층의 탄생!** _ 강화 고인돌공원, 강화역사박물관

청동기는 지배자의 상징 • 68
반달 돌칼에 담긴 청동기 사회의 비밀 • 71
청동기 시대 마을 구경 • 76
씨족에서 부족으로, 마을에서 국가로 • 78

청동기 시대로 출발! 강화 고인돌공원과 강화역사박물관 • 81

2부 고조선에서 삼국 시대로

 **최초의 국가, 고조선** _ 국립중앙박물관 고조선실

단군 신화는 판타지 동화? • 86
단군 신화 속 역사적 진실을 찾아라! • 88
고조선 유물 삼총사 • 90
고조선은 법대로! • 94
고조선의 뒤를 이은 나라들 • 97

가상 인터뷰! 역사의 아버지, 헤로도토스를 만나다 • 101

 **엎치락뒤치락!
고구려, 백제, 신라 그리고 가야** _ 몽촌토성, 한성백제박물관

백발백중 주몽, 고구려를 세우다 • 105
형제의 나라 세우기 경쟁 • 108
알에서 태어난 아이들이 세운 나라 • 110
전성기는 백제가 1등 • 113
광개토 대왕, 천하를 호령하다! • 115
꼴등 신라, 삼국 통일을 꿈꾸다 • 118

연표로 보는 삼국의 영웅들 • 121
한성의 역사, 몽촌토성과 풍납토성 그리고 한성백제박물관 • 122

 **불교, 국력을 키우고 예술을 꽃피우다** _ 경주 남산

'왕이 곧 부처'인 까닭 • 126
남산에서 목 없는 불상을 만나다 • 127
이차돈 순교의 숨은 진실 • 129
불교가 들어오니 문화가 따라오다 • 131

신라 역사와 신앙의 중심, 경주 남산 • 135

 **따로 또 같이, 삼국의 문화** _ 국립중앙박물관 고구려실·백제실·신라실·가야실

호쾌, 상쾌, 통쾌한 고구려 문화 • 138
섬세하고 아름다운 백제 문화 • 141
모방 속에 창조를 이룬 신라 문화 • 144
철의 나라 가야 • 147
비슷하면서도 다른 삼국과 가야의 문화 • 150

밀착 취재! 삼국의 수출입 장부 엿보기 • 153
백제 문화의 보고, 무령왕릉과 국립공주박물관 • 154

신분이 다르면 생활도 다르다 _ 한성백제박물관

삼국 시대의 신분: 귀족, 평민, 노비 • 158
귀족이 제일 잘나가 • 160
평민이 없으면 농사는 누가 짓나? • 163
힘들어라, 삼국 시대에 노비로 산다는 것 • 166

고구려 최고의 귀족 저택을 팝니다! • 171

3부 삼국 시대에서 남북국 시대로

10교시 꼴등 신라, 삼국을 통일하다! _ 전쟁기념관

한반도의 다윗이 중국 골리앗을 이기다 • 176
불꽃 튀는 한반도 외교 전쟁 • 183
역사 속으로 사라진 백제와 고구려: 1차 통일 전쟁 • 186
신라 대 당나라: 2차 통일 전쟁 • 190

삼국 통일 인물 관계도 • 195

한눈에 보는 대한민국 전쟁의 역사, 전쟁기념관 • 196

11교시 고구려를 뛰어넘은 고구려 후예, 발해 _ 국립민속박물관, 국립중앙박물관 발해실

남북국 시대가 열리다 • 201
고구려보다 넓은 해동성국 • 204
어제의 적과 손을 잡다 • 206
발해 멸망과 사라진 만주 • 209

한국인의 일상, 한국인의 일생! 국립민속박물관 • 212

12교시 다양한 문화가 어우러져 꽃피다 _ 경주 월지, 국립경주박물관

뼈에도 등급이 있다: 신라 골품제 • 217
주사위를 굴려 노래하고 술 마시기 • 221
경주는 부처님의 나라 • 225
추위를 이긴 발해 사람들 • 229

천 년 신라를 한눈에! 국립경주박물관 • 232

찾아보기 • 234   참고한 책과 사이트 • 237   사진 제공 • 238
'재미있다! 한국사' 시리즈에 자문해 주신 선생님들 • 239

일러두기

1. '재미있다! 한국사' 시리즈는 새롭게 바뀐 초등학교 사회 교과서 역사 영역을 반영해 만들었습니다. 본문에 📖 표시와 함께 삽입한 글은 교과서의 주요 내용을 발췌·요약·정리한 것입니다.
2. 띄어쓰기와 맞춤법은 국립국어원 표기 원칙에 따랐습니다.
3. 이 책에 나오는 외국 인명, 지명 등은 국립국어원 외래어 표기법에 따라 표기했습니다. 단, 중국의 지명은 독자 이해를 돕기 위해 한자를 우리말로 읽어 주고, 꼭 필요할 경우에만 괄호 안에 국립국어원 외래어 표기법에 따른 지금의 지명을 써넣었습니다.
4. 본문에 나오는 책의 제목이나 신문 이름에는 『 』를, 그림이나 노래 같은 예술 작품의 제목에는 「 」를 붙였습니다. 단, 그림이나 사진 설명 글에서는 예외를 두었습니다.

등장인물

답사반 대장 '구쌤'

'재미있다! 한국사' 답사반 대장이자 한국사 현장 수업을 진행하는 역사 선생님. 어린아이처럼 천진난만하고, 장난기 넘치며, 흥이 많아 유쾌 발랄하다. 하지만 역사 이야기를 들려줄 때만큼은 누구보다 진지하다!

으뜸 대원 '똘이'

구쌤과 함께 답사반을 이끄는 강아지. 대원 가운데 유일하게 구쌤과 대화가 가능하다. 호기심 많고, 아는 것 많고, 퀴즈 내기를 좋아한다.

깍두기 대원 '토리'

새롭고 신기한 것을 좋아하며 먹성이 좋은 다람쥐. 주의가 산만한 데다 유물들을 만지작거리고 깨물어 대기 일쑤다. 답사반 요주의 인물.

미스터리 대원 'XX'

정체를 알 수 없는 쌍둥이 고양이. 구쌤의 말에 언제나, 어김없이, 무관심하고 시큰둥해 웬만해선 반응이 없다. 말을 하지 않아 이름도 모르지만 현장 수업에 꼭 따라와 주변을 어슬렁거린다.

- 400만 년 전 — 아프리카에 최초의 인류 오스트랄로피테쿠스가 나타나다
- 250만 년 전 — 호모 하빌리스가 돌을 깨뜨려 석기(뗀석기)를 만들어 쓰다
- 70만 년 전 — 한반도와 주변 지역에 사람들이 살기 시작하다
- 20만 년 전 — 경기도 연천군 전곡리에서 주먹 도끼를 만들다
- 기원전 8000년경 — 새로운 석기(간석기)와 토기를 만들고 농사를 짓기 시작하다
- 기원전 2333년 — 단군왕검이 고조선을 세우다 (『삼국유사』 기록)
- 기원전 2000년경 — 한반도에서 청동기를 만들다

1부

선사 시대 한반도 사람들

1교시 | **가볍게 떼자, 한국사 첫걸음**_ 국립중앙박물관

2교시 | **구석기 시대 인류 진화의 행진**_ 전곡선사박물관

3교시 | **신석기 시대에 혁명이 있었다고?**_ 서울 암사동 유적

4교시 | **청동기의 탄생, 지배층의 탄생!**_ 강화 고인돌공원, 강화역사박물관

1교시 가볍게 떼자, 한국사 첫걸음

> 옛날 옛날, 아주 먼 옛날……. 이렇게 시작하는 옛날이야기를 들어 본 적이 있지? 우리 역사는 우리 겨레가 우리 땅에서 살아온 이야기야. 그러니까 까마득한 옛날부터 이야기를 시작하지. 그리고 다른 옛날이야기들처럼 우리 역사 이야기도 무척이나 재미난단다.

여러분, 안녕? 이렇게 만나게 되어 반갑고 환영해! 지금부터 우리는 초등학교 사회 교과서에 나오는 한국사 이야기를 역사 현장에 가서 들을 거야. 아, 교과서를 가지고 올 필요는 없어. 같이 봐야 할 교과서 내용은 이 책에 다 있으니까.

모두들 초등학교 교과서의 한국사가 어려워졌다고 야단인데, 선생님이 보기에 꼭 그런 것 같지는 않아. 흥미진진한 내용이 가득해. 그래도 여전히 교과서가 딱딱하고 어렵게만 느껴진다고? 그렇다면 역사 현장으로 가서 유물과 유적을 눈으로 보면서 선생님과 함께 한국사 현장 수업을 해 보는 것은 어떨까? 그러면 아마 교과서 내용이 머리에 쏙쏙 들어오고 자연스럽게 정리되면서 우리 역사가 얼마나 재미있는지 확실히 알게 될 거야.

왜 굳이 역사 현장을 찾아다니느냐고? 교실에서 가만히 앉아 듣는 이야기는 졸리기 십상이거든. 점심을 먹고 난 뒤 5교시 같은 때가 더 그렇지. 선생님과 함께 박물관이나 유적지 구석구석을 탐험하듯 다니면서 한국사 이야기를 들으면 한마디로 "졸음이여, 안녕."이야.

국립중앙박물관은 우리 역사의 보물 창고

우리의 역사적인 첫 한국사 현장 수업 장소는 서울 용산에 있는 국립중앙박물관이야. 어쩌면 한 번 와 본 친구들도 있을 거야. 첫 번째 수업을 여기서 시작하는 데는 이유가 있어. 이곳은 우리 역사의 보물 창고 같은 곳이거든. 모두들 선생님을 한번 따라와 볼래?

내가 초등학생일 때는 말이야, 역사 수업을 늘 교실에서 했어. 물론 선생님 말씀이 재미있기도 했지만 가끔씩 졸리는 건 어쩔 수가 없더라고. 그러다 대학에 들어갔는데, 바로 이곳 국립중앙박물관에서 한국사 수업을 한다는 거야. 박물관 강의실에서 큰 화면으로 사진을 보면서 설명을 간단히 들었어. 나머지 시간에는 박물관을 돌아다니면서 보고 싶은 유물을 마음껏 보고. 그런 다음 느낀 점을 간단히 정리해서 냈지. 그때 선생님께서 당부하신 말씀이 있어.

"여러분이 보고 싶은 어떤 유물을 봐도 좋아요. 그 대신 눈길을 끄는 유물이 있다면 오래, 자세히 보세요. 그러면 언젠가 그 유물이 여러분한테 이야기를 걸어올 때가 있을 거예요."

'유물이 이야기를 걸어온다고? 그게 무슨 말이야? 돌덩어리, 쇳조각이 무슨 말을 한다는 거지?'

나는 선생님 말씀을 이해할 수 없었어. 그런데 하루, 이틀, 시간이 흐르고 마지막 수업 시간이 가까워 오니까 어렴풋이 그 말뜻을 알겠더라고. 한 학기 동안 수업을 들으면서 유물에 담긴 이야기를 알게 되고, 그 유물을 만들고 사용한 사람들과 그들이 살던 시대를 알게 되었지. 그랬더니 정말 유물이 달리 보이더라니까. 한번은 청동으로 만든 불상을 한참 바라보는데, 그 불상이 나한테 뭔가 이야기를 하는 느낌이 들더라고. 미친 거 아니냐고? 아니야! 그런 느낌을 받은 사람이 나 말고도 여럿이 있었다니까.

여러분도 그럴 수 있어. 나와 같이 이곳 유물에 담긴 보물 같은 이야기들을 하나둘 찾아가다 보면 우리 역사를 알게 되고, 우리 역사를 좋아하고 사랑하게 되면 언젠가 유물들이 이야기를 걸어올 때가 있을 거야. 그럼 지금부터 그날이 올 때까지 우리, 역사 여행을 재미나게 해 보자.

> 선생님이 보고 완전 감동받은 작품이 바로 이 불상이야. 지금도 국립중앙박물관 3층의 불교조각실에서 독방을 차지하고 있지.

금동미륵보살 반가사유상

교과서는 역사 여행의 보물 지도

본격적으로 박물관을 둘러보기 전에 먼저 교과서를 쓱 훑어볼까? 국립중앙박물관이 우리 역사의 보물 창고라면 교과서는 보물 지도이자 나침반이야. 교과서에는 우리가 무엇을 봐야 하는지, 유물들과 유적들에 어떤 역사 이야기가 담겼는지 잘 나와 있거든. 교과서를 보고 내 설명까지 잘 듣는다면 여러분은 국립중앙박물관에서 흥미진진한 보물들을 만나게 될 거야.

교과서를 펼치면 구석기 시대, 신석기 시대, 고조선의 건국 등을 시간순으로 정리해 놓은 게 나와. 이건 교과서뿐 아니라 대부분의 다른 역사책에서도 볼 수 있어. 이렇게 역사적 사건이나 시대를 연도순으로 나열한 것을 '연표'라고 불러. 그런데 가끔은 이 연표 때문에 역사가 지루하고 어려운 것처럼 느껴지기도 해. '이것들을 언제 다 외지?' 하고 생각하면서부터 연표는 역사를 지겨운 암기 과목으로 만드는 일등 공신이 되어 버리지.

역사를 지루하고 어렵게 느끼지 않으려면 연표를 무조건 외우려고 하지 않는 것이 중요해. 연표가 나오면 일단 눈으로 한번 쓱 훑어봐 줘. '구석기 시대, 약 70만 년 전' '신석기 시대, 기원전 8000년경' 같은 시대 이름과 연도는 중요하지 않아. 그때 한반도와 주변 지역에서 어떤 사람들이 어떻게 살아갔느냐가 훨씬 더 중요하지. 이렇게 생각해 보자. '구석기, 신석기, 청동기……. 음, 이상한 이름들이 나오는군. 무슨 뜻이지? 왜 이런 이름으로 부르는 거지? 이때는 누가 어떤 모습으로 살았을까?' 하고 말이야.

또 시대별로 갖가지 유물과 유적 사진들이 나오지. 구석기 시대에는 뾰족하게 떼어 낸 돌이 보이고, 신석기 시대에는 반질반질 잘 갈아 만든 돌이 보이는군. 이것들이 뭔지 아직 잘 모르겠다고? 걱정할 필요 없어. 앞으로 선생님과 같이 하나하나 알아 가면 되니까. 그 대신 이것 한 가지만 생각해 보자.

'뾰족하게 떼어 낸 돌 조각은 어디에 썼을까? 매끄럽고 넓적한 돌판은? 청동기 시대의 방울 8개 달린 도구는 누가 무엇에 쓰던 물건일까?'

중요한 건 호기심과 질문!

우리 수업에서 가장 필요한 것은 호기심과 질문이야. 호기심과 질문이 많으면 많을수록 더 많은 보물을 찾아낼 수 있거든.

아래 그림을 한번 볼까? 어디서 본 것 같다고? 궁금증이 마구마구 생기지 않니? 이게 바로 그 유명한 고구려 고분 벽화(옛 무덤 안의 천장이나 벽에 그린 그림)야. 그중에서도 고구려 사람들이 말을 타고 활을 쏘아 짐승을 잡는 모습을 표현한 「수렵도」. 고구려 사람들은 참 활기차게 살았을 것 같다고? 자세한 이야기는 뒤에 나올 고구려 역사 부분에 가서 해 줄게. 지금은 교과서 내용을 같이 보자.

무용총 수렵도(부분)

📖 선사 시대란 글로 역사를 기록하기 이전의 시대를 말한다. 사용한 도구에 따라 구석기 시대, 신석기 시대, 청동기 시대로 구분한다.

먼저 선(先), 역사 사(史). 선사 시대란 글자 그대로 '역사 이전의 시대'라는 뜻이야. '문자를 사용하기 이전 시대'라고도 하지. 더 정확히 말하면 선사 시대는 아직 글자가 만들어지기 전이어서 역사 기록이 없는 시대야. 그래서 우리는 당시 사람들이 쓰던 도구를 가지고 시대를 구분하지.

예를 들어 석기 시대의 '석'은 돌 석(石) 자야. 돌로 만든 도구를 쓰던 시대라는 말이지. 그런데 옛날 석기(구석기) 시대와 새로운 석기(신석기) 시대를 가르는 기준은 무엇일까? 귀띔을 하면 위의 그림과 그 옆 유물 사진을 볼 것! 구석기 시대의 도구는 울퉁불퉁하고

빗살무늬 토기

뾰족뾰족한 돌을 떼어 낸 모습이고, 신석기 시대의 도구는 반질반질하게 돌을 잘 갈아 낸 모습이네. 그러니까 돌을 떼어 내서 만든 석기를 쓰느냐, 갈아서 만든 석기를 쓰느냐로 구석기 시대와 신석기 시대를 구분하는 것이지.

그런데 그보다 더 중요한 건 신석기 시대부터 사람들이 그릇을 만들어 썼다는 사실이야. 왼쪽에 보이는 끝이 뾰족한 질그릇(진흙을 구워 만든 그릇)이 바로 신석기 시대 사람들이 쓰던 빗살무늬 토기야. 그릇을 만들었다는 것은 먹을거리를 저장했다는 뜻이고, 그러니까 먹고 남을 만큼 음식이 있었다는 뜻이지. 그렇다면 들에서 저절로 자라는 것만 먹은 게 아니라 스스로 곡식을 길러 먹었다고 추측해 볼 수 있겠지? 이처럼 그릇을 만들어 썼다는 것은 단순히 도구를 만드는 기술이 발달했다는 것뿐만이 아니라 사람들의 생활이 완전히 바뀌었다는 것까지 알려 준단다. 어때, 이 정도면 구석기와 신석기를 구분할 수 있겠지?

청동기 시대에 우리 조상들은 드디어 금속을 녹여 도구를 만들어 쓰기 시작했어. 청동이란 구리에 주석이나 아연을 섞어 만든 금속이야. 이쯤 되면 앞의 석기 시대와는 비교할 수 없을 정도로 문명이 발달한 것이지. 우리 겨레 최초의 나라인 고조선도 이때 세워져. 고조선을 세운 단군 할아버지에 대해 기록한 역사책이 남아 있어서 고조선부터 역사 시대라고 부른단다. 역사 시대는 선사 시대의 반대말이야. '문자로 된 기록이 있는 시대'라는 뜻이지.

　다시 박물관으로 눈을 돌려 볼까? 우리 역사의 시작이라 할 수 있는 구석기실부터. 음, 여기에도 연표가 있네. 입구의 한쪽 벽 가득히 말이야. 이것도 쓱 한번 훑어봐 주고 지나가자고. 연표를 지나니 유물들이 본격적으로 모습을 드러내는군. 게다가 종류도 다양하네. 어떤 돌은 창처럼 양쪽을 날카롭게 떼어 냈고, 어떤 돌은 좀 더 둥글둥글하고, 또 어떤 돌은 길쭉해. 자세한 설명은 다음 시간부터 차차 하기로 하고, 지금부터는 각자 박물관 안을 마음 내키는 대로 다니면서 이런저런 유물들을 구경해 보자고. 마치 선생님이 대학생 때 그랬듯이 말이야.

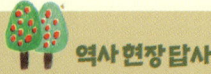 역사현장답사

우리 역사의 보물 창고, 국립중앙박물관 제대로 보기

국립중앙박물관 전경

금동미륵보살 반가사유상(국보 제78호)

우리 역사를 알기 위해서는 국립중앙박물관을 꼭 둘러보아야 해. 세계에서 여섯 번째라는 어마어마한 규모의 전시관에 구석기 시대부터 조선 시대까지 수만 점의 유물들이 전시되고 있어. 어쩌면 벌써 한두 번쯤 가 본 친구도 있을 거야. 그런데 어땠어? 재미있었니?

박물관을 재미있게 구경하는 가장 좋은 방법은 전문가 선생님의 설명을 들으며 유물들을 살펴보는 거야. 박물관 홈페이지에 가면 전시관별로 해설 시간이 나와 있어. 엄마와 함께 가도 좋고 친구와 같이 가도 좋아. 박물관에 가기 전에 궁금한 것들을 적어 두었다가 전문가 선생님을 만나 물어보면 더욱 좋지. 선생님의 설명을 들었다면 그냥 나오지 말고 그중에서 관심이

고구려 고분 벽화 「강서대묘 사신도」 모사도

가는 것을 다시 한 번 찬찬히 보도록 해. 설명을 떠올리면서 살펴보면 처음에 보지 못했던 것들을 볼 수 있을 거야. 박물관 입구에서 영상 안내기나 음성 안내기를 빌려 들으면서 보는 것도 좋아. 다만 안내기를 빌리려면 신분증이 필요하니까 부모님과 함께 가야겠지. 그런데 국립중앙박물관은 늘 사람들로 붐벼. 사람들이 많으면 즐거운 관람을 하기 힘들어. 그러니 가능하면 문 여는 시간에 맞춰서 일찍 가는 것이 좋아. 그래도 이미 관람객이 많다면 사람들이 상대적으로 적은 3층부터 보는 것도 방법이야. 3층에 있는 조각·공예관에는 고려청자, 조선백자뿐 아니라 선생님이 보고 감동했던 그 금동미륵보살 반가사유상(국보 제83호)도 있단다.

국립중앙박물관은 같은 주제의 유물을 늘 보여 주는 상설 전시관과 매번 다른 주제의 유물을 전시하는 특별 전시관으로 구성되어 있어. 교과서에 나오는 시대별 역사 유물들을 볼 수 있는 곳은 상설 전시관이야. 그중에서도 1층 좌우로 있는 '선사·고대관'과 '중·근세관', 이 두 전시관을 둘러보는 것만으로도 아마 다리가 뻐근해질 거야. 그 유명한 신라의 금관과 함께 고구려 고분 벽화, 고려의 팔만대장경판, 조선 국왕의 옥좌까지 몽땅 이곳에 있거든. 그러니 하루에 모두 둘러보겠다는 욕심은 버리고, 수업 진도에 맞거나 평소 관심이 있던 시대의 전시관 위주로 보도록 해.

:: 알아 두기 ::

가는 길 지하철 4호선 이촌역에서 지하도를 따라 걸으면 박물관 앞마당으로 연결돼.

관람 소요 시간 및 추천 코스 박물관 전체를 한 번에 다 보겠다는 욕심은 금물. 하루에 2시간 정도씩 3일에 걸쳐 1, 2, 3층을 둘러보기를 권해. 만약 하루만 본다면 1층의 '선사·고대관'과 '중·근세관'에는 꼭 가 보자!

휴관일 매주 월요일, 1월 1일.

2교시
구석기 시대 인류 진화의 행진

전곡선사박물관

어때? 꼭 타임머신 같지?

> 지구상에 인간이라는 존재가 나타난 것은 언제부터일까? 또 한반도에 사람이 살기 시작한 것은 언제부터일까? 이번 시간에는 지구와 한반도에 **최초로 살기 시작한 인류**, 그러니까 구석기인들이 어떤 모습으로 살았는지 알아볼 거야.

 지난 시간에 배운 내용은 기억나니? 문자가 없어 역사 기록이 없는 시대를 선사 시대라 하는데, 사람들이 사용한 도구에 따라 구석기 시대, 신석기 시대, 청동기 시대 등으로 나눈다고 했지.

 오늘은 두 번째 시간. 이번 시간에는 한반도에 최초로 살기 시작한 인류인 구석기인들이 어떤 모습으로 살았는지 알아볼 거야. 그 전에 지구상에 처음 나타난 인류는 누구이고 어떤 모습을 하고 있었는지도 살펴보려고 해. 그래서 경기도 연천에 있는 전곡선사박물관에 왔어. 이곳 연천에서 우리나라 구석기 시대 유물들과 유적들이 발견되었거든. 전곡선사박물관에서는 주먹 도끼, 동굴 벽화 등 구석기 시대에 관한 귀한 전시물들을 볼 수 있어.

 이 박물관은 겉모습도 참 멋져. 은색의 구불구불한 건물이 꼭 타임머신처럼 생겼지. 지하 1층에서 입장권을 끊고, 1층의 상설 전시관으로 올라가면 인류의 탄생에서 선사 시대까지 시간 여행을 할 수 있어. 전시관 중앙에 줄지어 선 사람 모형들이 보이니? 어떤 것은 원숭이처럼 보이기도 하는구나. 중간에 커다란 매머드도 있고. 아, 그러고 보니 맨 앞의 것은 원숭이 모습에 가까운데 뒤로 갈수록 점점 사람 모습이 되어 가네. 이곳에는 최초의 인류부터 약 1만 년 전의 구석기인까지 모두 14종의 화석 인류(화석으로 발견된 과거의 인류)를 진화한 순서대로 복원해 놓았어.

그런데 '진화'라는 말이 무슨 뜻인지 아니? 간단히 말해서 진화란 점점 변화해 가는 것을 말해. 생물이 주변 환경에 적응해서 살아남기 위해 스스로 변화해 가는 것을 진화라고 말하지. 예를 들어 코끼리의 코가 길어진 것, 인간이 두 발로 걷기 시작한 것은 모두 진화의 결과야.

대다수의 과학자들은 약 137억 년 전, 큰 폭발(빅뱅)과 함께 우주가 처음 생겼다고 이야기해. 그리고 46억 년 전쯤에 지구가 생기고, 약 35억 년 전에 최초의 생명체가 바다에서 태어났대. 그 최초의 생명체가 진화에 진화를 거듭해 오늘날 인간을 비롯해 다양한 생물이 탄생한 거야.

그걸 어떻게 아느냐고? 증거가 있어. 바로 지구 곳곳에서 발견된 화석이 그 증거야. 수억 년이 지난 박테리아 화석부터 수천 년 전 인간의 화석까지 연구한 과학자들이 이런 결론을 내린 거지. 최근에는 디엔에이(DNA) 분석을 통해서 진화를 설명하기도 해. 하지만 진화에 대한 구체적인 주장은 학자들마다 조금씩 달라. 예를 들어 최초의 인류가 태어난 것이 400만 년 전인지, 700만 년 전인지 하는 문제 같은 것 말이야. 그래도 많은 과학자들이 공통적으로 말하는 인류 진화에 대한 이야기를 해 볼게.

앞으로 앞으로! 인류 진화의 행진

지금으로부터 약 400만 년 전 아프리카에 최초의 인류가 등장했어. 이름은 '오스트랄로피테쿠스'. 물론 나중에 학자들이 붙인 이름이야. 남쪽의 원숭이라는 뜻이지. 하지만 오스트랄로피테쿠스가 원숭이와 다른 점은 두 발로 걸어 다녔다는 거야. 엉거주춤한 자세이긴 하지만 앞발(아직 손이라 부르기엔 좀…….)을 땅에 짚지 않고 걸을 수 있었어.

전시관 중앙의 화석 인류 가운데 두 번째가 바로 오스트랄로피테쿠스야. 사람보다는 아직 원숭이에 가까워 보이지? 그래도 아프리카의 에티오피아에서 발견된, 가장 유명한 오스트랄로피테쿠스지. '루시'라고도 불러. '최초의 인류' '인류의 어머니'라는 별명도 있고. 아, 첫 번째 화석 인류는 '투마이'인데, 아직 인류인지 아닌지 학자들 사이에서 의견이 엇갈려. 인류와 원숭이의 조상을 구분하는 기준은 '두 발로 걸었느냐' 하는 것인데,

투마이

한눈에 보는 인류의 진화

오스트랄로피테쿠스 약 400만 년 전에 등장한 최초의 인류로, 두 발로 걷기 시작했다. 아프리카에서 발견되었다.

호모 하빌리스 손쓴사람이라고도 한다. 약 250만 년 전에 나타나 처음으로 돌을 깨뜨려 만든 도구를 쓰기 시작했다.

호모 에렉투스 약 160만 년 전에 처음 등장해 똑바로 서서 걸어 다닐 수 있게 되어 곧선사람이라고도 한다.

투마이가 두 발로 걸었다는 확실한 증거가 아직 없거든.

최초의 인류가 갑자기 두 발로 서게 된 이유 또한 확실하지 않아. 오스트랄로피테쿠스 이전의 영장류(긴팔 원숭이, 고릴라, 침팬지, 오랑우탄 등의 유인원과 인류가 속한 동물군)들은 원래 숲 속 나무 위에서 생활했는데, 수백만 년 전쯤 기후가 크게 변해서 아프리카의 많은 숲들이 사라져 버렸대. 그래서 그때 나무 위에서 살던 이들 중 일부가 땅 위 생활에 적응하면서 두 발로 서게 된 것이 아닐까 추측해.

어쨌든 두 발로 서서 다니게 되니 앞발(손)을 점점 더 자유롭게 쓸 수 있었어. 그래서 처음으로 도구를 만들어 쓰는 인류가 등장하

호모 사피엔스 슬기사람. 약 40만 년 전에 출현해 10만 년 전쯤부터 한반도에 살기 시작했다. 언어를 사용할 줄 알았다.

호모 사피엔스 사피엔스 약 4만 년 전 한반도에 지금 인류와 같은 모습을 한 호모 사피엔스 사피엔스(슬기슬기사람)가 나타났다.

인류가 어떻게 변화해 왔는지 잘 보렴.

지. 그 이름은 바로 '호모 하빌리스'. 손재주가 있는 사람이라는 뜻이야. 한글 이름도 있어. '손쓴사람'. 호모 하빌리스는 처음으로 돌을 깨뜨려 만든 석기를 쓰기 시작했대. 이 시기가 대략 250만 년 전이니 이때부터 구석기 시대가 시작되는 셈이야.

전시관에서 다섯 번째 화석 인류가 아프리카의 탄자니아에서 발견된 손쓴사람이야. 어때? 이전보다 확실히 똑똑해 보이지 않니? 석기를 사용하면서 사냥을 더 잘하게 되고, 그래서 고기를 많이 먹게 되어 뇌의 용량도 그 전보다 크게 늘어났대.

다음으로 등장하는 화석 인류는 '호모 에렉투스'. 우리말로는

'곧선사람'이라고 해. 말 그대로 똑바로 서서 걸어 다녔다는 뜻이지. 물론 그 전에도 걸어 다니기는 했지만 구부정한 자세였거든. 똑바로 설 수 있으니 손은 더 자유롭고 발은 더 빨랐을 거야. 이 시기에 와서 인류에게는 두 가지 중요한 변화가 일어나. 하나는 처음으로 불을 사용하게 되었다는 것. 다른 하나는 인류가 아프리카를 떠나 전 세계로 퍼져 나가기 시작했다는 것!

인류가 아프리카를 떠난 까닭은?

그런데 어떻게 인류가 불을 사용하게 되었을까? 다른 동물들은 불을 두려워하는데 말이야. 아마도 인류가 진화하는 과정에서 점점 더 똑똑해져 자연의 불을 사용하게 된 게 아닐까? 번개가 일으키는 불이 쓸모가 많다는 걸 깨닫고, 부싯돌 같은 것을 이용해 스스로 불을 피울 수 있을 만큼 말이야.

인간들아, 내가 너희를 따뜻하게 해 주마.

그리스 신화에도 불에 관한 이야기가 나와. 신화에서 불은 신들만이 쓰던 것이었어. 그런데 프로메테우스가 몰래 훔쳐서 인간에게 선물한 거지. 이렇게 인간이 불을 사용하게 된 것은 신이 위협을 느낄 만큼 놀라운 변화였어.

불을 사용하게 된 뒤 인간의 생활은 크게 달라졌어. 추운 곳에서도 살 수 있고, 무서운 동물들을 쫓을 수 있고, 음식물을 익혀 먹을 수 있게 되었지. 이렇게 행동이 자유로워졌기 때문일까? 곧선사람은 아프리카를 떠나기 시작했어. 더 좋은 땅을 찾아서, 더 풍부한 먹을거리를 찾아서.

곧선사람의 뼈는 전 세계에서 발견되었어. 이전 인류는 아프리카에서만 그 흔적을 찾을 수 있었는데 말이야. 전시관의 화석 인류들 중간쯤에 있는 '상기란 인'은 인도네시아에서 발견된 곧선사람이야. 그 뒤의 '베이징 원인'은 중국 베이징에서 발견된 곧선사람이란다.

한반도에 구석기인 등장!

지금으로부터 약 70만년 전부터 한반도와 주변 지역에 사람들이 살기 시작했어. 이 한반도 최초의 사람들은 아마도 아프리카에서 온 곧선사람일 거야. 정확히 말하면 그들의 후손이겠지. 이들의 뼈가 아직 한반도에서 발견되지는 않았지만, 곧선사람들이 사용했을 것으로 생각되는 도구들은 제법 나왔거든.

우리 땅에서 발견된 화석 인류 가운데 가장 오래된 것은 '덕천 사람'과 '역포 아이'야. 평안남도 덕천군과 평양시 역포에서 발견되었다고 해서 이런 이름이 붙었어. 약 10만 년 전쯤에 살았던 것으로 짐작되는데, 이들은 곧선사람이 아냐. 곧선사람 뒤에 등장하는 '호모 사피엔스', 우리말로 '슬기사람'이지. 슬기사람은 글자 그대로 곧선사람보다 슬기로운 사람이라는 말이야. 이들은 이전보다 더 정교한 도구를 만들어 썼고, 죽은 사람을 땅에 묻기도 했단다. 하지만 슬기사람도 지금 우리와는 모습이 많이 달랐어. 얼굴도, 머리 모양도.

그러다 약 4만 년 전쯤, 드디어 한반도에 지금 우리와 똑같은 모습의 사람들이 나타나. 이들의 이름은 '슬기슬기사람(호모 사피엔스 사피엔스)'. 슬기사람보다 더 슬기롭다고 해서 붙은 이름이야. 충청북도 청원군에서 발견된 '흥수 아이'가 바로 슬기슬기사람이야. 흥수 아이 주변에는 고운 흙이 뿌려져 있고, 둘레에는 국화를 꺾어 놓아둔 흔적이 있었다고 해. 죽은 사람을 애도하는 장례 풍습이 생길 정도로 인류가 슬기로워졌다는 거지.

슬기슬기사람이 등장하면서 도구는 더 정교해졌어. 전시관에 있는 화석 인류 아래쪽을 보면 저마다 썼던 도구들이 있어. 처음으로 석기를 만들어 쓴 손쓴사람 아래에 석기가 놓여 있는데, 둥근 돌의 가장자리를 조금 떼어 내서 만든 '찍개'야. 언뜻 보면 일부러 만든 도구인지, 우연히 깨진 것인지 알 수가 없구나. 이렇게 간단한 도구

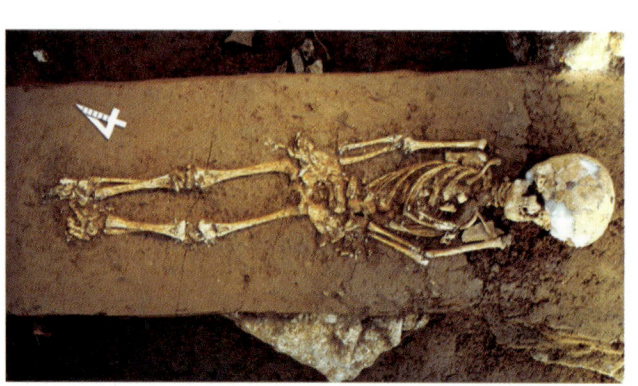

흥수 아이의 유골

흥수 아이의 나이는 다섯 살 정도래.

한눈에 보는 구석기

찍개
거친 나무를 다듬거나 동물의 뼈를 찍어서 자를 때 썼다.

긁개
주로 짐승의 가죽이나 나무껍질 등을 벗기는 데 썼다.

슴베찌르개
활이나 창과 같이 자루에 끼워 찌르거나 가르는 데 썼다.

주먹 도끼
한 손에 쥐고 쓸 수 있는 도끼 형태. 짐승을 사냥하고 고기를 자르는 등 다양하게 쓰였다.

어때? 기술의 발전이 눈에 보이지?

로는 짐승의 뼈나 나무를 찍어서 잘랐어. 그런데 시간이 흐른 뒤에 나온 '주먹 도끼'는 어떠니? 한눈에 보아도 찍개나 긁개보다는 훨씬 정교해 보이지? 주먹 도끼로는 짐승을 사냥하고, 가죽을 벗기고, 나무를 다듬는 등등의 일을 했어. 정말 만능 도구지. 구석기 시대의 다용도 칼이라고 할까? 주먹 도끼는 찍개와 긁개를 합쳐 놓은 것 같아. 찍개와 주먹 도끼 모두 돌을 떼어서 만든 뗀석기지만, 나중에 만들어진 주먹 도끼가 더 정교해졌음을 알 수 있지.

　박물관의 또 다른 쪽에는 돌과 뼈에 새긴 조각이 놓여 있어. 여인의 모습을 한 것도 있고, 곰, 사자, 들소 등을 닮은 동물 조각도 보이네. 구석기 시대에 이미 예술가가 나타났구나!

매머드 모양의 뿔 조각

구석기 시대의 동굴 집 속으로

그럼 지금부터 구석기 시대 사람들의 생활 모습을 조금 더 자세히 살펴보도록 하자. 오른쪽 그림을 볼까?

동굴 속 사람들이 보이지? 구석기 시대 사람들은 주로 동굴에서 살았어. 동굴은 여름에 서늘하고 겨울에 따뜻했거든. 비바람이나 사나운 동물도 피할 수 있고, 동쪽이나 남쪽으로 입구가 나 있으면 오랫동안 해가 들어서 더욱 좋았지. 동굴 앞쪽으로 작은 개울이 보이니? 이렇게 동굴 가까이에 개울이나 강이 흐르면 더욱 좋아. 마실 물을 구하고, 물고기를 잡고, 물을 마시러 오는 동물들을 사냥할 수도 있으니까.

우리나라 구석기 시대 유적인 충청북도 제천의 점말 동굴 입구도 동남향으로 나 있어. 여기에서 뗀석기와 동물 뼈 등 구석기 시대 유물이 많이 나왔지. 또 다른 구석기 시대 유적인 충청북도 단양의 금굴 앞으로는 지금도 강물이 흘러. 하지만 구석기 시대의 모든 사람들이 살기에 꼭 알맞은 동굴을 찾을 수 있었던 것은 아니야. 우리나라에는

사람이 살 만한 동굴이 그다지 많지 않거든. 동굴이 없으면 커다란 바위 아래에 자리를 잡았어. 동굴보다는 못하지만 비바람을 어느 정도 피할 수 있고, 사방이 트인 곳보다는 맹수를 막기에도 편하니까.

앞 그림의 동굴 맨 왼쪽에 돌창과 돌도끼가 보이는구나. 단순한 주먹 도끼보다 좀 더 발달된 석기가 있는 것을 보니, 여기에 사는 사람들은 슬기사람이나 슬기슬기사람인 것 같아. 그 앞쪽에 어떤 사람이 불을 피우고 있네. 최초로 불을 사용한 인류가 누구라고 했지? 맞아, 곧선사람. 이들의 뒤를 이은 슬기사람과 슬기슬기사람도 당연히 불을 사용할 줄 알았어. 활 모양의 도구를 이용해 불을 피우는 모습이 보이지? 이 도구가 바로 '활비비'야. 활로 비벼서 불을 피운다는 뜻이지. 구석기 시대 사람들이 활비비 같은 도구를 이용해서 쉽게 불씨를 얻은 것은 불을 사용하기 시작하고서도 아주 오랜 시간이 지난 다음의 일이었어. 구석기 시대 사람들은 대부분 벼락이나 산불 등 자연에서 불씨를 얻어 동굴 깊숙한 곳에 소중하게 간직했지. 아마 동굴을 떠나 다른 곳으로 이동할 때도 소중한 불씨를 가지고 다녔을 거야.

불 피우는 사람 앞에 앉은 이는 두 손에 무언가 들고 먹고 있지? 아마도 불에 구운 고기인 것 같아. 구석기 시대 사람

들은 고기를 불에 구울 줄은 알았지만 끓는 물에 삶아 먹을 줄은 몰랐어. 그걸 어떻게 아느냐고? 그때는 그릇이 없었거든.

동굴 벽 쪽을 봐. 어머니로 보이는 여자 어른이 아이에게 젖을 물리고 있어. 이 사람들은 모두 가족일까? 어떤 학자들은 구석기 시대 사람들이 동물들처럼 단순한 집단을 이루어서 살았다고 주장하고, 또 다른 학자들은 이들이 요즘 사람들처럼 가족을 이루었을 것이라고 주장해. 어쨌든 구석기 시대 사람들이 30~50명 정도씩 모여서 살았다는 사실에는 대부분이 동의해. 사람 수가 이보다 적으면 무리를 이뤄 사냥을 하거나 아이를 키울 수 없고, 이보다 더 많아지면 충분한 식량을 구하기 힘들었거든.

젖을 먹이는 여자 옆에서 한 남자가 뭔가를 열심히 만들고 있지? 오른손에 든 뾰족한 돌을 왼손으로 쥔 돌에 내려치려고 해. 벌써 여러 번 내려쳤는지 왼손의 돌은 일부가 떨어져 나간 자국이 보여. 이것이 바로 뗀석기를 만드는 모습이야. 돌의 일부를 떼어서 만들었기 때문에 뗀석기라고 부르지.

다 같이 일하고 다 같이 나누다

앞의 동굴 속 그림을 좀 더 살펴보자. 한쪽에서 사람들이 동물의 가죽을 벗기고 있네. 사용하는 도구를 보니 넓적한 모양에 한쪽 면

이 날카로운 것이 '긁개'인 것 같아. 조금 전에 봤듯이 긁개는 가죽을 벗기거나 고기를 자르는 도구야. 그런데 이렇게 잘라 낸 고기나 가죽을 어떻게 나누었을까? 사냥에 성공한 사람이 더 많이 가졌을까? 아니면 잘라 낸 사람이 더 많이 가졌을까?

　구석기 시대는 식량이 풍부하지 않았어. 어떤 사람이 더 많이 먹으면 다른 사람은 굶게 돼. 그러면 집단이 살아남을 수 없어. 게다가 사슴 한 마리를 독차지한다고 해도 그걸 오랫동안 보관하는 방법을 몰랐어. 그래서 구석기 시대 사람들은 다 같이 일하고 다 같이 나누어 먹었단다. 그래도 음식은 늘 부족했고, 식량을 찾아 이동하지 않으면 안 되었어.

📖　구석기 시대 사람들은 주로 동굴에서 무리 지어 살면서 채집과 사냥을 하며 먹을거리를 구하였다. 동굴 근처에 있는 먹을거리가 다 떨어지면 새로운 먹을거리를 찾아 다른 곳으로 옮겨 다니며 살았다.

　동굴 입구에는 나무 열매를 따는 사람들이 있어. 이렇게 먹을 수 있는 열매를 따고, 풀을 뜯고, 뿌리를 캐서 모으는 일을 '채집'이라고 해. 구석기 시대 사람들은 채집과 사냥으로 먹을거리를 구했단다. 그중에서도 채집이 훨씬 더 중요했어. 왜냐고? 사냥은 힘들고 위험했거든. 대부분의 사람들은 동물보다 빠르지 않아. 도구도 보잘것없었기 때문에 사냥감을 두고 사람이 맹수와 싸우는 것은 너무도 위험했지.

　한동안 한곳에서 채집을 하고 나면 주변의 식량이 바닥나. 그러면 사람들은 짐을 꾸려서 다른 지역의 동굴을 찾아 떠나야 했지. 이것이 구석기 시대 사람들이 집을 짓지 않고 동굴에서 생활한 또 하나의 이유야. 집을 지을 만한 기술도 부족했지만 애써 집을 지어 봤자 얼마 안 있다 떠나야 했기 때문이지.

　자, 그럼 나무 옆 개울에서 잠시 목이라도 축이고, 이번에는 돌창

약 2만 년 전에 그린 것으로 짐작되는 동굴 벽화야. 프랑스 베제르 계곡 주위에서 발견된 걸 전곡선사박물관에 재현해 놓았지.

라스코 동굴 벽화

을 들고 사냥하는 사람들에게 가 볼까? 이미 얘기했듯이 사냥은 힘들고 위험한 일이었어. 그럼, 호랑이 같은 맹수가 먹다 남긴 고기를 챙기는 것은 어떨까? 물론 독수리 같은 무리와 경쟁해야 했지만, 살아 있는 동물을 사냥하는 일보다는 쉬웠겠지? 아마도 구석기 시대 사람들의 사냥에서는 이미 죽은 동물을 찾아내는 일이 훨씬 많았을 거야.

마지막으로 흥미로운 이야기를 하나 해 줄게. 구석기 시대 사람들, 그중에서도 슬기슬기사람들은 동굴 안 깊숙한 곳에 그림을 그렸어. 뭘 그렸느냐고? 주로 소, 말, 사슴 같은 동물들을 그렸지. 전곡선사박물관 상설 전시관 왼쪽에는 세계 곳곳의 구석기 시대 사람들이 그린 동굴 벽화를 재현해 놓았단다. 동물들을 단순히 스케

치한 그림도 있지만, 멋지게 색을 칠한 그림도 많아. 그런데 구석기 시대 사람들은 왜 이렇게 그림을 그렸을까? 아마도 이런 동물들을 잘 잡기를 바라는 마음을 표현한 게 아니었을까? 아니면 그림을 그려 놓고 사냥 연습을 했을지도 모르지. 어떤 그림 속 동물에는 활이나 창에 맞은 자국들이 보인다니까 말이야.

어때? 이제 구석기 시대 사람들의 생활을 상상할 수 있겠니? 현대인보다는 불편하고 힘들지만 어떤 면에서는 훨씬 건강한 생활이기도 했고. 그러면 이제 새로운 석기의 시대, 신석기 시대로 넘어가 볼까?

구석기 시대 사람들은 옷을 입었을까, 벌거벗고 다녔을까?

정답 | 대부분의 구석기 시대 사람들은 옷을 입었을 거야. 그것도 가죽옷을. 왜냐하면 구석기 시대에는 지구 대부분이 얼음으로 덮인 빙하기가 있었거든. 지금까지 구석기 시대 사람들이 입은 옷이 발견된 적은 없지만, 가죽을 다듬을 때 쓴 것으로 보이는 도구와 바늘처럼 보이는 뼛조각들은 많이 발견되었지.

 역사 현장 탐사

구석기 시대로 가는 타임머신, 전곡선사박물관

 박물관

상설전시실

　우리나라 최대의 선사 시대 박물관인 전곡선사박물관이 경기도 연천시 전곡읍에 세워진 때는 2011년이야. 물론 그 전에도 전곡 선사 유적지 시설은 있었어. 이미 20년 가까이 해마다 '전곡 구석기 축제'를 하고 있었고. 그래도 전곡선사박물관이 세워진 것은 큰 변화야.

　전곡읍에 선사 시대 박물관이 들어선 것은 이곳에서 아주 중요한 선사 시대 유물들과 유적들이 발견되었기 때문이야. 1978년에 고고학을 전공한 주한 미군의 한 병사가 이곳에 놀러 왔다가 우연히 구석기 시대 주먹 도끼를 발

아슐리안식 주먹 도끼

견했어. 그런데 이것은 보통 주먹 도끼가 아니었어. 그때까지 유럽에서만 발견되고 아시아에서는 전혀 나오지 않았던 '아슐리안식 주먹 도끼'였어. 프랑스의 '생 아슐'이라는 지역에서 주먹 도끼가 처음 발견되었다고 해서 그 지역의 이름이 붙여진 거야. 전곡읍에서 아슐리안식 주먹 도끼가 나왔다는 사실은 세계 고고학계에 엄청난 반향을 불러일으켰지. 이곳에서는 아슐리안식 주먹 도끼를 비롯해 구석기 시대 유물이 5,000점 이상 발굴되었어.

전곡선사박물관 바로 뒤에 있는 '연천 전곡리 유적'도 빼먹으면 섭섭해. 뭐니 뭐니 해도 선사 유적지에서 꼭 해 보아야 할 것은 구석기 시대의 생활 체험이야. 석기를 만들고, 곡물을 빻고, 선사 시대 집짓기도 해 볼 수 있어. 유적지에는 발굴 당시의 모습을 그대로 재현해 놓은 '전곡리 토층 전시관'도 있어. 어떤 도구로 어떻게 땅을 파서 어떤 유물들을 발굴했는지 한눈에 볼 수 있지. 그 당시 상황을 기록한 발굴 일지와 노트, 신문 기사까지 볼 수 있거든. 평일에는 20명 이상 단체 관람객만 체험이 가능하지만, 주말이나 공휴일에는 개인 관람객도 참여할 수 있어. 다만 사정에 따라 프로그램이 취소될 수도 있으니 인터넷이나 전화로 미리 확인한 뒤에 방문하는 것이 좋아.

:: 알아 두기 ::
가는 길 지하철 1호선 동두천역에서 경원선으로 갈아탄 후 한탄강역에서 내리면 걸어서 10분.
관람 소요 시간 2시간.
휴관일 매월 2, 4번째 월요일.
추천 코스 전곡선사박물관을 먼저 보고, 뒷길을 따라 연천 전곡리 유적을 둘러본 다음 전곡리 토층 전시관을 보면 구석기 시대 답사 완성!

3교시
신석기 시대에 혁명이 있었다고?

> 인류 역사의 99퍼센트 이상은 구석기 시대야. 엄청나게 긴 시간이지?
> 그리고 지금으로부터 약 1만 년 전에 신석기 시대가 시작되지. 이름부터 뭔가
> 새로운 시대가 시작된 느낌이지? 정말로 인류의 삶은 신석기 시대에 들어서면서
> 완전히 바뀌었단다. 이런 변화를 '신석기 혁명'이라고 해.

지난 시간에는 전곡선사박물관에서 구석기 시대 사람들의 모습을 살펴보았어. 인류가 진화하는 과정도 알아보고. 이번 시간에는 기나긴 구석기 시대를 거쳐 신석기 시대에 우리 선조들은 어떻게 살았는지 공부할 거야. 그런데 신석기 시대에 어떤 변화가 일어났기에 '신석기 혁명'이라는 말까지 나왔을까? 그걸 알아보기 위해 오늘은 이곳 서울 암사동 유적에 왔어. 여기에서 신석기 시대 사람들이 쓰던 도구와 살던 집터가 발굴되었거든. 한마디로 이곳은 신석기 시대 마을이라고 할 수 있어.

지난 시간에 구석기 시대는 언제부터 시작되었다고 했지? 호모 하빌리스가 도구를 사용하기 시작한 250만 년 전부터라고 했지. 그러니까 그때부터 249만 년쯤이 흐른 뒤, 신석기 시대가 시작된 거

야. 옛날 석기 '구석기'와 새로운 석기 '신석기'는 뭐가 다를까? 사람들의 생활은 어떻게 달라졌지? 지금부터 하나하나 알아보자.

 **혁명이란?**

한마디로 엄청나게 빠르고 거대한 변화야. 이전의 관습, 제도, 방식 등이 단번에 무너지고 온 세상이 달라질 정도로 근본적인 변화!

뾰족뾰족 뗀석기에서 반질반질 간석기로

서울 암사동 유적은 제1전시관, 제2전시관과 야외의 선사 체험 마을 등으로 나뉘어 있어. 구석기와 신석기가 뭐가 다른지 알아보려면 우선 제1전시관으로 가야 해. 여기에 여러 가지 신석기가 전시되어 있거든.

어디 보자, 새로운 석기를 찾았니? 전시관 한쪽에 '돌도끼'라고 이름 붙여 놓은 것을 살펴봐. 지난번에 전곡선사박물관에서 본 주먹 도끼와 어떻게 다르니? 뭐, 비슷하다고? 이런, 다시 한 번 잘 봐. 지난번에 본 것은 돌을 떼어 낸 듯 뾰족뾰족했는데, 이번 것은 갈아 낸 듯 반질반질하지?

이렇게 돌을 떼어서 만든 석기를 '뗀석기', 갈아서 만든 석기를 '간석기'라고 불러. 언뜻 봐서 별것 아닌 것 같지만 이건 대단한 변화야. 뗀석기에서 간석기로 바뀌는 데 무려 249만 년이 걸린 셈이

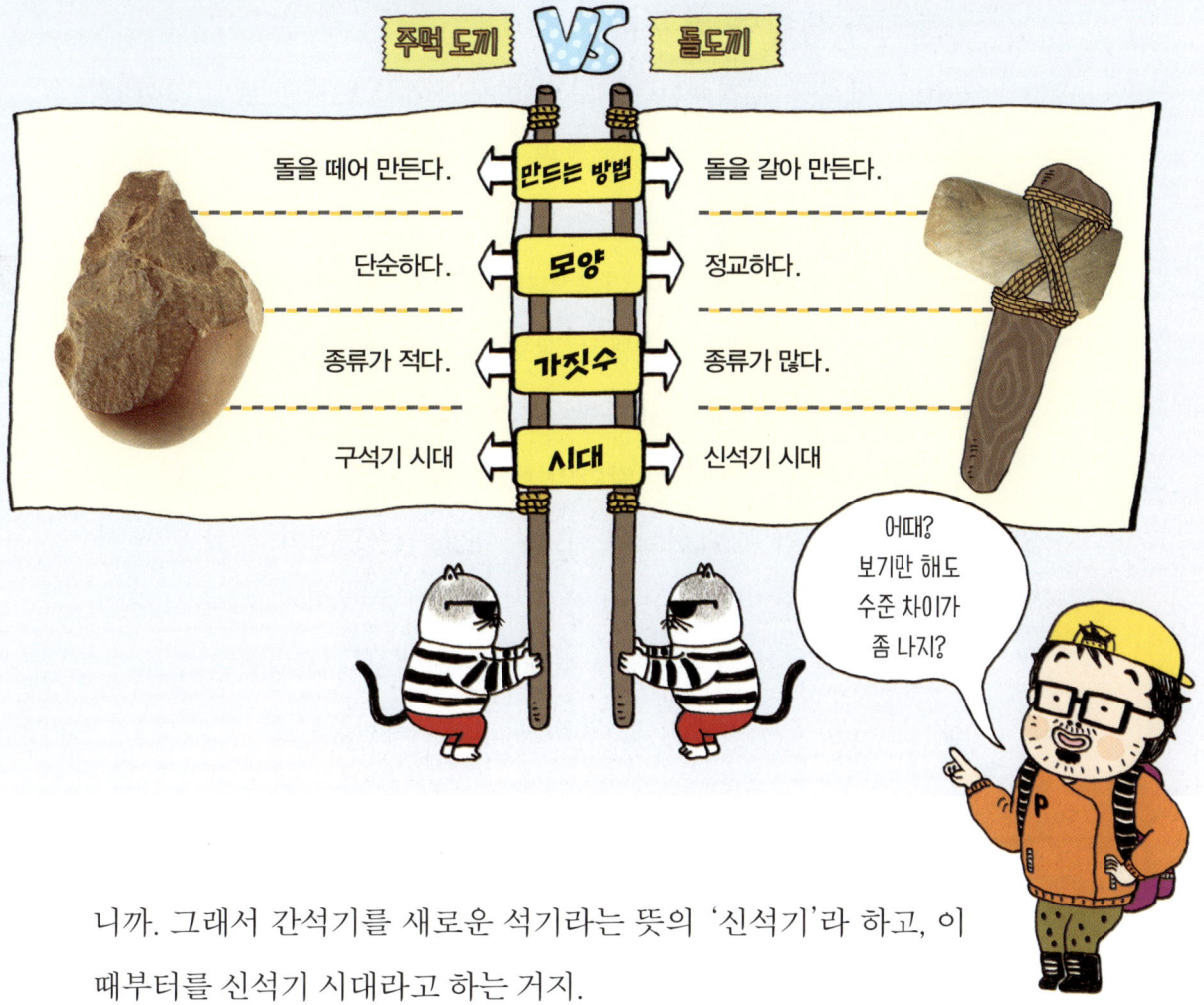

니까. 그래서 간석기를 새로운 석기라는 뜻의 '신석기'라 하고, 이때부터를 신석기 시대라고 하는 거지.

구석기에서 신석기로, 뗀석기에서 간석기로 바뀌면서 도구는 점점 다양하고 정교해져. 전곡선사박물관의 뗀석기들과 서울 암사동 유적의 간석기들을 비교하면 확실히 알 수 있지. 구석기 가운데 그래도 발달한 도구라고 하는 주먹 도끼와 신석기의 돌도끼를 한번 비교해 볼까? 대충 떼어 낸 주먹 도끼와 용도에 맞게 갈아 낸 돌도끼 사이의 기술 차이를 알 수 있겠니?

토기가 생활을 바꾸다

서울 암사동 유적에는 전곡선사박물관에서 보지 못했던 것이 하나 있어. 뭘까? 맞아, 토기! 진흙을 구워서 만든 그릇이 '토기'야. 신석기 시대에 들어와서 처음 만들기 시작했거든. 토기를 발명하는 데는 간석기 만들 때보다 더욱 높은 수준의 기술이 필요했지. 토기를 만들려면 진흙을 반죽해서 그릇 모양을 만든 다음에 불에다 구워야 했거든. 이건 아주 대단한 일이야. 먼저 '진흙을 구우면 단단해진다.'는 '과학적 사실'을 알아야 했으니까. 교과서에 나와 있는 '빗살무늬 토기'가 바로 신석기 시대를 대표하는 토기야. 바깥 면에 마치 빗으로 죽죽 빗겨 그은 것 같은 줄무늬가 특징이지. 이곳 서울 암사동 유적에서 이런 빗살무늬 토기가 무더기로 발견되었단다.

그런데 빗살무늬 토기를 보면 누구나 갖게 되는 궁금증 하나가 있어. 왜 빗살무늬 토기는 바닥이 뾰족할까? 사실 그 이유는 아무도 정확히 몰라. 하지만 추측은 가능하지. 어떤 학자들은 강이나 바닷가의 젖은 흙에 꽂아서 쓰기 위해 토기를 뾰족하게 만들었다고 하고, 또 다른 학자들은 김장독을 땅속에 묻는 것처럼 움집(땅을 파고 지은 집) 바닥에 박아 놓고 쓰기 위해서라고 주장해. 그런가 하면 들고 다니기 편해서라고 이야기하는 학자들도 있어.

어쨌든 토기야말로 사람들의 생활을 확 바꿔 놓았어. 토기 덕분에 먹을 수 있는 식량이 크게 늘어났거든. 대표적인 것이 도토리야. 옛날부터 한반도에 흔히 열리던 도토리는 영양이 풍부하지만, 타닌이라는 성분 때문에 맛이 떫을 뿐 아니라 날것으로 먹으면 소화가 되지 않았어. 하지만 토기에 넣고 물로 우려내거나 삶아서 타닌을 빼내면 훌륭한 음식이 되었지. 그 밖에 다른 음식물도 삶거나 찌는 과정에서 자연스럽게 살균이 되고 부드러워져 소화가 더 잘되었고. 한마디로 토기 덕분에 식량이 늘고 영양 상태가 좋아진 거지.

신석기 시대 사람들은 왜 토기 겉면에 빗살무늬를 새겨 넣었을까?

① 심심해서.
② 멋있게 보이려고.
③ 구울 때 금이 가는 것을 막으려고.

정답 | ③번. 빗살무늬를 새겨 넣고 구우면 금이 덜 가고 잘 깨지지 않았어.

신석기 혁명? 농업 혁명!

아까 신석기 시대에 들어서 인류의 생활이 크게 변한 걸 가리켜 '신석기 혁명'이라 부른다고 했지? 그런데 오해하면 안 돼. '신석기 혁명'이라고 하니까 마치 신석기(간석기)를 만든 게 혁명인 것처럼 생각하기 쉬운데, 신석기 혁명이란 석기 혁명이 아니라 '농업 혁명'이야.

농업이 뭐지? 그래, 땅을 이용해 인간 생활에 필요한 식물을 가꾸고 거두어들이는 일을 말해. 구석기 시대 사람들은 이런 농사짓기를 몰랐어. 그저 풀이나 열매를 채집하고 사냥이나 고기잡이를 하며 살았지. 그러다 어느 머리 좋은 사람이 씨앗 하나를 심으면 수십 개의 열매(곡식)가 열린다는 사실을 알아낸 거야. 어쩌면 먹고 남은 씨앗을 버렸더니 싹이 나고 자라서 열매가 열렸을 수도 있지.

신석기를 만들기 시작하면서 바로 농사를 지을 수 있었던 것은 아니야. 농사짓기는 신석기를 만드는 일, 아니 토기를 만드는 일보다 더 어려운 일이었거든. 농사짓기는 씨만 뿌린다고 되는 것이 아니야. 김을 매고 거름도 줘야 해. 게다가 오랜 시간을 기다려야 하고. 그래서 세계 대부분의 지역에서는 신석기 시대가 시작되고부터 수천 년이 지나서야 농사를 짓기 시작했어.

일단 씨를 뿌리고 열매를 거두는 등 농사짓기를 하면서부터 사람들의 생활은 그야말로 혁명적으로 변화했어. 당연히 식량이 늘어났고, 더불어 인구도 늘어났단다.

더 중요한 것은 농사를 짓게 되면서 더 이상 돌아다니지 않고 한곳에 머물러 살기 시작했다는 사실이야. 씨를 뿌리면 거두어들일 때까지 기다려야 하니까. 이렇게 한곳에 머물러 사는 것을 정착 생활이라고 해. 그 전에는 주변에 있던 나무 열매, 풀, 뿌리 등의 식량을 다 먹으면 다른 곳으로 계속 옮겨 다니며 살아야 했잖아.

하지만 어느 곳에나 정착할 수 있었던 것은 아니야. 아직은 기술이 부족해서 농사를 통해 얻는 식량이 많지 않았거든. 그렇다면?

 신석기 시대 사람들은 물고기와 조개 등 먹을거리를 얻기 쉬운 강가나 해안가에 움집을 짓고 마을을 이루어 한곳에 머물러 살기 시작하였다.

농사짓기 편하고, 또 다른 방법으로 식량을 구할 수 있는 곳, 그러니까 물고기가 풍부한 강이나 바닷가에 사람들이 자리를 잡기 시작한 거지. 정착 생활을 하게 되면서 사람들은 집이 필요했어. 앞 시간에 말했듯이 구석기 시대 사람들이 주로 동굴에서 살았던 것은 집 짓는 기술이 부족하기도 했지만, 어차피 곧 옮겨야 하니까 굳이 애를 써서 집을 지을 필요가 없었기 때문이기도 하거든. 서울 암사동 유적 바로 옆에는 한강이 흐르고 있고, 그래서 이곳에서 신석기 시대 사람들이 살던 움집터가 많이 발견되었단다.

다 같이 돌자, 신석기 마을 한 바퀴

자, 그럼 전시관을 좀 더 둘러볼까? 신석기 시대 마을을 작은 모형으로 재현해 놓은 것이 있네. 입체적인 모형을 보면서 설명을 들으면 머릿속에 더 잘 들어오겠지?

우선 눈에 띄는 건 원뿔 모양으로 생긴 움집이야. 그 앞으로는 강이 흐르고. 움집 옆에서 사람들은 넓적한 돌 위에 무언가를 올려놓고 둥그런 방망이 모양의 돌로 열심히 갈고 있구나. 이게 바로 '갈판과 갈돌'이야. 신석기 시대 사람들은 갈판 위에 도토리 같은 것을 놓고 갈돌로 갈아서 가루를 내어 먹었지. 이렇게 해서 나온 도토리 가루를 물에 담그면 도토리의 타닌 성분이 빨리 빠져나갔거든.

이렇게 일하는 모습을 지켜보는 개 한 마리가 보이지? 신석기 시대가 되면서 사람들은 짐승을 사냥할 뿐 아니라 기르기 시작했어. 개뿐 아니라 소나 양처럼 온순하면서도 젖과 고기를 동시에 얻을 수 있는 가축들을 길렀지.

신석기 시대 마을 모형

 신석기 시대 사람들은 돌을 갈아서 만든 간석기를 사용해 농사를 지으며 가축도 길렀다.

다시 모형을 볼까? 강 건너 사람들은 밭을 일구고 있구나. 신석기 시대 사람들은 구석기 시대보다 발달한 돌괭이와 돌보습 같은 농기구를 이용해 밭을 갈았어. 밭에는 수수 같은 것을 심었네.

이제 농사가 시작되었으니 구석기 시대부터 해 오던 채집은 더 이상 필요 없어졌을까? 그렇지 않아. 전시관 다른 쪽을 보면 신석기 시대 사람들이 나무 열매를 따고 풀을 뜯는 모습을 볼 수 있어. 신

석기 시대는 아직 벼농사가 시작되지 않았고, 곡식을 거두어들이는 양이 적었기 때문에 채집은 여전히 중요한 생산 활동이었단다.

벼농사는 신석기 시대의 뒤를 잇는 청동기 시대에 시작되었어. 그 전까지는 주로 조, 수수 등의 곡식을 재배했지. 벼는 다른 곡식들에 비해 물이 많이 필요해서 기르기가 쉽지 않거든. 하지만 벼농사를 지으면 많은 식량을 얻을 수 있지.

한편 돌로 만든 그물추나 뼈로 만든 낚싯바늘 등의 도구가 발달하면서 고기잡이는 식량을 구하는 데 큰 역할을 했어. 신석기 시대의 마을이 대부분 강가나 바닷가에 자리 잡은 것을 보면 알 수 있지.

신석기 시대 움집 속으로

마을 구경을 했으니 이번에는 움집 안을 들여다볼까? 전시관을 나와 바깥으로 나가면 신석기 시대 모습을 그대로 재현해 놓은 움집들이 있어. 그중 한 곳은 들어가 내부를 살펴볼 수도 있단다. 어디, 같이 들어가 볼까?

입구는 머리를 숙여야 겨우 들어갈 수 있을 정도로 좁은데, 내부는 제법 널찍해. 땅을 1미터쯤 파고 그 위에 단단한 나무로 기둥과 서까래를 만들어 세워 집을 지었기 때문에 더 넓은 것이로구나. 이렇게 하면 두꺼운 벽이 없어도 바람을 피할 수 있고, 집 안의 온기가 밖으로 빠져나가는 것을 막을 수 있거든. 이때는 아직 두꺼운 벽을 만들 수 있을 만큼 기술이 발달하지 않았으니까 말이야. 이런 집

서울 암사동 유적에 재현해 놓은 움집(왼쪽)과 내부(오른쪽) 모습

을 '움집'이라고 불러. 그 뒤 기술이 발달하면서 땅을 파는 깊이가 점점 얕아지다가 나중에는 땅을 파지 않고 그대로 집을 지을 수 있게 된단다.

움집 안에는 사람들이 나무를 쌓아 불을 피워 놓고 둘러앉아 있네. 실제로 서울 암사동 유적에서 발견된 움집에는 가운데에 불을 피운 흔적이 남아 있대. 음식을 저장해 두었던 구멍들, 기둥을 세웠던 구멍들도 있고 말이야.

그런데 서울 암사동 유적의 움집에서 살던 신석기 시대 사람들은 모두 가죽옷을 입고 있는 것 같지? 이때는 가죽옷뿐만 아니라 식물에서 얻은 실로 옷감을 짜서 옷을 지어 입기도 했대. 그때 천으로 만든 옷이 아직도 남아 있느냐고? 아니, 그 대신 실을 잣던 가락바퀴나 뼈로 만든 바늘이 발견되었어. 게다가 뼈로 만든 바늘통까지 남아 있다니, 신석기 시대 사람들은 바느질을 아주 잘했는지도 모르겠구나.

　하지만 서울 암사동 유적에는 신석기 시대 사람들의 생활을 재현하면서 빠진 게 하나 있어. 바로 팔찌와 목걸이 같은 장신구들! 정말 그 시대 사람들이 이런 액세서리들을 만들었느냐고? 그럼! 부산 영도구 동삼동에 있는 조개더미 유적을 비롯해 우리나라 신석기 시대 유적에서는 조개껍데기로 만든 팔찌와 짐승의 송곳니로 만든 발찌 같은 것들이 잔뜩 나왔어. 또 조개껍데기로 만든 가면도 나왔단다. 신석기 시대 사람들 중에도 멋쟁이 패션 리더들이 많았던 모양이야.

　지금까지 신석기 시대 마을과 움집을 살펴보았어. 어때? 직접 유물을 보고 마을과 움집 안까지 구경하니 머릿속에 신석기 시대가 그려지지 않아?

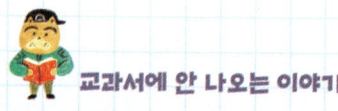 교과서에 안 나오는 이야기

가상 취재! 조개더미 발굴 일지

1930년대 초반, 부산 영도구 동삼동에서 조개더미 유적이 발견되었다. '패총'이라고도 불리는 조개더미란 신석기 시대 사람들이 먹고 버린 조개, 굴 등의 껍데기 같은 쓰레기가 모여 쌓인 무더기. 그런데 이곳에서 조개껍데기만 나온 것이 아니다. 다양한 토기와 유물이 나오면서 동삼동 조개더미는 아주 중요한 유적이 되었고, 그 뒤 여러 차례 발굴 조사가 이루어졌다.
19xx년 어느 날, 유적 발굴에 참여한 한 고고학자의 발굴 일지를 엿본다.

19xx년 x월 x일

일제 강점기 때 처음 발견된 동삼동 조개더미를 다시 조사하기 시작했다. 동삼동 유적은 발굴 조사를 할 때마다 새로운 유물들이 나왔다. 이번에도 기대가 크다.

오늘은 첫날이라 수평을 유지하면서 일정한 깊이로 구덩이를 파는 작업부터 시작했다. 신석기 시대 유물은 부서지기 쉽기 때문에 아주 조심스럽게 작업해야 한다. 인부들이 삽으로 땅을 파면 우리가 호미 같은 작은 도구를 써서 유물을 찾는다. 벌써 조개껍데기 몇 점이 나왔다. 출발이 좋다.

발굴하는 사람들

19xx년 x월 x일

발굴 일주일째. 평평하게 파낸 구덩이에 1미터 간격으로 실을 매달았다. 마치 모눈종이처럼. 이렇게 해야 유물이 발굴된 위치를 정확하게 알 수 있다. 비를 막기 위한 비닐하우스도 치고, 현장 사진도 찍고, 모두 바쁘게 움직였다.

지금까지 조개껍데기뿐 아니라 석기들과 토기들이 꽤 나왔다. 그중에서도 흑요석으로 만든 석기를 발굴한 것은 큰 수확이다. 화산 폭발로 생기는 흑요석은 우리나라에는 없다. 이곳에 살았던 사람들은 이미 신석기 시대부터 일본과 교류한 것이다. 아마도 당시 사람들은 배를 이용해 일본이나 중국을 오갔을 것이다.

흑요석

19xx년 x월 x일

조개껍데기로 만든 팔찌를 비롯해 목걸이, 발찌, 귀고리 등이 수백 점 출토되었다. 보물 상자를 발견한 기분이다. 조개 팔찌의 종류와 모양이 매우 다양한 것으로 보아 아마도 이것만을 전문으로 만드는 사람이 있었던 것처럼 보인다. 그런데 좀 이상하다. 이런 귀중한 장신구들을 이렇게 많이 쓰레기장에 버렸다는 건가? 이게 가능한 이야기인가? 혹시 이곳은 쓰레기장이 아니라 작업장이 아니었을까? 요즘도 조개를 잡아 살을 발라내는 작업은 한곳에 모여서 하지 않는가. 어쩌면 이곳은 여러 사람들이 모여 조개를 가지고 다양한 작업을 했던 곳일지도 모른다.

이제 나는 이런 사실들을 알아내기 위해서 오늘 찾아낸 유물들을 자세히 조사해야 한다. 우선 잘 씻어 이물질을 제거하고, 종류별로 나눠 사진을 찍은 다음 연구실로 가져가서 연대를 측정한다. 발굴은 거의 끝나 가지만 새로운 작업이 시작된 셈이다. 이번에 발굴된 유물들은 나에게 어떤 역사의 흔적을 보여 줄까? 벌써부터 기대된다.

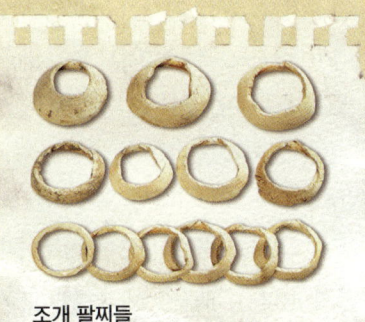

조개 팔찌들

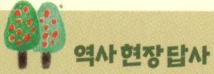 역사 현장 탐사

신석기 시대 마을 구경 가자! 서울 암사동 유적

선사 체험 마을

서울 암사동 유적은 대표적인 우리나라 신석기 시대 유적지야. 이곳은 지금까지 확인된 한반도의 신석기 시대 유적 가운데 규모가 가장 커. 수천 년 동안 잠자고 있던 유물들이 1925년 여름에 일어난 큰 홍수 덕분에 우연히 발견되어 더욱 유명해졌지. 하지만 1960년대 후반에 들어서야 본격적으로 발굴을 시작해서 1979년에 나라에서 문화재로 지정했어.

서울 암사동 유적은 전시관과 선사 체험 마을로 나뉘어 있어. 전시관에서는 이곳 발굴 현장에서 나온 빗살무늬 토기, 그물추, 돌낫 등을 볼 수 있고, 체험 마을에는 신석기 시대 움집과 마을을 재현해 놓았지. 맑은 날씨라면 천천히 그냥 둘러보는 것만으로도 기분이 좋아져.

대부분의 신석기 시대 마을 유적처럼 서울 암사동 유적도 큰 강인 한강 옆에 있어. 그러니 암사동 유적을 보고 난 뒤에는 광나루 한강공원을 산책하는

빗살무늬 토기

위에서 내려다본 서울 암사동 유적(위)과 1970년대에 발굴된 움집터(아래 왼쪽) 및 빗살무늬 토기 조각(아래 오른쪽)

것도 좋지. 암사동 유적에서 5킬로미터쯤 떨어진 곳에는 길동자연생태공원도 있어. 이곳 조류관찰대에서는 철새들의 모습을 볼 수 있단다. 암사동 유적에서 길동자연생태공원까지는 강동그린웨이라는 산책로가 조성되어 있으니까 날씨만 좋다면 쉬엄쉬엄 걸어가는 것도 좋아. 아, 길동자연생태공원을 둘러보기 위해서는 예약(parks.seoul.go.kr)이 필수야.

:: 알아 두기 ::

가는 길 지하철 8호선 암사역 4번 출구로 나와 걸어서 15분, 1번 출구에서 마을버스를 타면 5분.

관람 소요 시간 1시간.

휴관일 매주 월요일, 1월 1일.

추천 코스 먼저 야외 움집 모형을 본 다음 전시관을 보고, 선사 체험 마을을 탐사해 보자.

4교시
청동기의 탄생, 지배층의 탄생!

강화 고인돌공원, 강화역사박물관

강화 고인돌공원

청동기 시대의 지배자라면 이 정도 고인돌에는 묻혀 줘야 제격이지.

강화역사박물관

> 지금으로부터 약 2,000년쯤 전에 한반도 사람들은 청동기를 만들어 쓰기 시작했어. 주변에 흔한 돌로 도구를 만들다가, 구리와 주석을 녹인 청동으로 칼과 거울을 만든 것은 놀라운 변화였지. 사람들의 생활 또한 놀라운 변화를 겪어. 그 전까지는 모두 평등했는데, 이제는 부유한 사람과 가난한 사람, 지배하는 사람과 지배받는 사람으로 나뉘게 된 거야.

오늘은 제법 멀리 왔네. 아름다운 섬 강화도에 있는 강화역사박물관까지 왔으니. 여기로 온 것은 청동기 시대를 대표하는 유물을 보기 위해서야. 청동기란 청동으로 만든 도구를 말해. 옛날 도구들은 어떤 재료로 만들었느냐에 따라 돌로 만들면 석기, 철로 만들면 철기 하는 식으로 이름을 붙였어. 청동은 구리에 주석이나 아연을 섞어서 만든 금속을 가리키지.

그런데 청동기와 함께 청동기 시대를 대표하는 유물이 하나 더 있어. 박물관 길 건너를 한번 볼까? 짜잔! 넓은 벌판에 거대한 돌을 세우고 그 위를 또 다른 거대한 돌로 덮어 놓은 고인돌이 하나 우뚝 서 있네. 거기가 바로 강화 고인돌공원이야. 실물을 보니 참 크고 멋지지? 이 고인돌의 높이는 2.6미터, 너비는 4.2미터이고, 위에

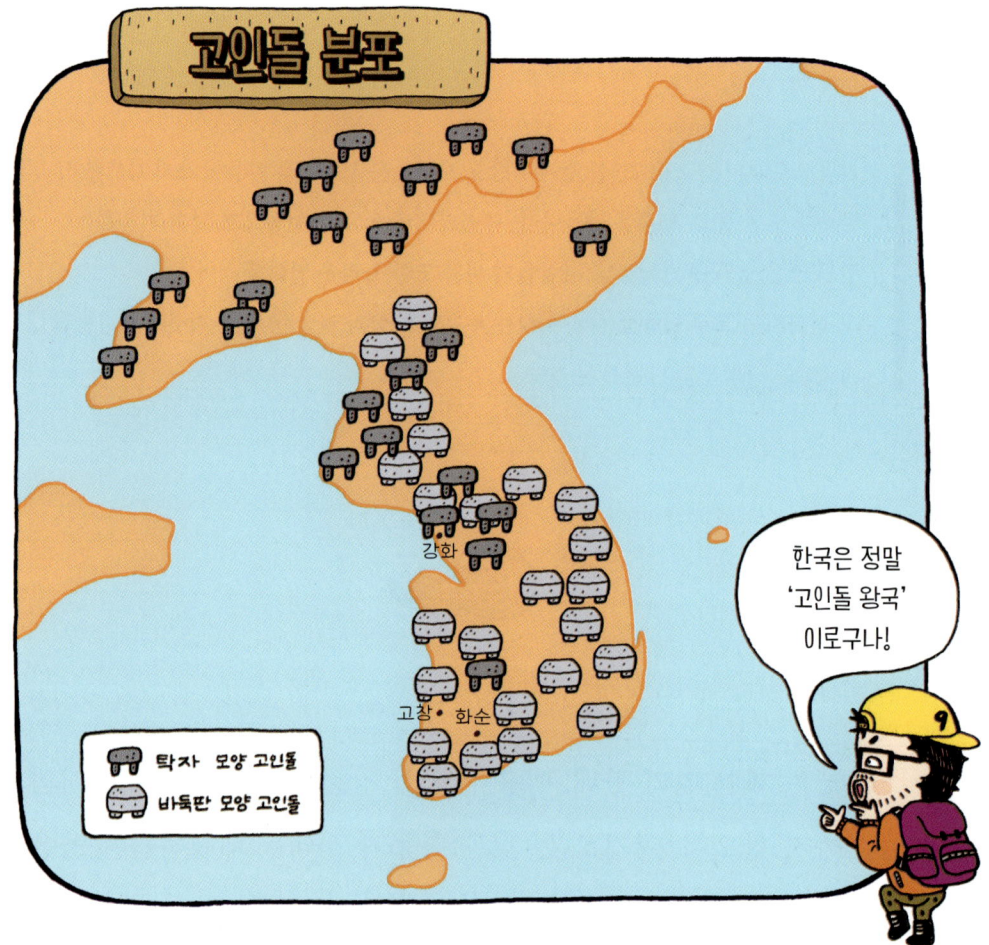

덮인 거대한 돌 무게는 자그마치 50톤이라고 해. 하지만 넓은 벌판에 고인돌이 겨우 하나뿐? 실망할 필요는 없어. 강화도에만 해도 150여 개의 고인돌이 있으니까. 이건 그중 하나일 뿐이지.

  사실 3만 개가 넘는 고인돌이 있는 우리나라는 '고인돌 왕국'이야. 전 세계 고인돌의 40퍼센트가량이 우리나라에서 발견되었다니 말 다했지. 그중에서도 강화, 고창, 화순에 있는 고인돌은 그 중요성을 인정받아 유네스코 세계 문화유산으로 등록되었어.

그런데 청동기 시대 사람들은 이렇게 큰 고인돌을 왜 만들었을까? 심심해서? 물론 아니지. 고인돌은 사람의 무덤이야. 고인돌 아래에서 사람 뼈와 청동기 시대 물건들이 발견되었거든.

그렇다면 청동기 시대 사람들은 누구나 이런 무덤에 묻혔을까? 물론 그럴 리 없지. 이런 커다란 돌무덤 하나를 만드는 데는 수많은 사람들의 힘이 필요했을 테니까. 고인돌은 아주 권세 있는 사람의 무덤이었다고 볼 수 있어. 그들은 청동 검, 청동 거울, 청동 방울 같은 도구를 가지고 다른 사람들을 지배했어.

강화도 고인돌 대 고창 고인돌

강화도 고인돌과 고창 고인돌은 똑같이 유네스코 세계 문화유산으로 지정되었지만, 생김새가 많이 달라. 강화도 고인돌은 탁자 모양이고 고창의 고인돌은 바둑판처럼 생겼지. 고인돌은 모양에 따라 '탁자식' '바둑판식' 등으로 분류한단다. 한반도 북쪽 지방에서 많이 발견되는 탁자식은 말 그대로 탁자 모양이고, 남쪽 지방에서 주로 발견되는 바둑판식은 탁자식에 비해 받침돌이 짧은 것을 말해.

강화도 탁자 모양 고인돌

고창 바둑판 모양 고인돌

청동기는 지배자의 상징

청동 검, 청동 거울, 청동 방울이라……. 어쩌면 여러분은 이미 '청동'이라는 말을 들어 본 적이 있을 거야. 어디서? 누구나 한 번쯤 읽어 봤을 그리스 로마 신화에서! 천하무적 페르세우스의 보검도 모두 청동으로 만든 거잖아.

그리스에서 청동기가 사용되기 시작한 것은 지금으로부터 약 6,000년 전. 그리스의 청동기 문화가 절정에 이르는 4,000년 전 무렵에는 드디어 한반도에서도 청동기 시대의 막이 열려. 페르세우스의 청동 보검이 지구 반 바퀴를 돌아 전해진 것인지도 모르지. 이때 이미 동양과 서양을 가로지르는 '초원길'이 생겨나서 사람들이 활발히 교류하고 있었으니까.

📖 기원전 약 2000년경부터 한반도에는 구리를 불에 녹여 주석이나 아연을 섞어 만든 청동기가 등장하였다. 청동기는 만들기가 어렵고 귀해서 주로 거울, 방울, 검 등과 같이 하늘에 제사를 지내는 도구, 지배 계급의 무기나 장신구 등으로 쓰였다.

여기서 질문 하나. 왜 하필이면 청동이었을까? 자연에는 청동을 만드는 원료인 구리나 주석보다 철을 만드는 데 들어가는 원료가 훨씬 더 많은데 말이야. 알고 보면 철이 더 단단하고 쓰임새도 많고. 답은 간단해. 철보다는 청동이 만들기 쉬워서야. 철은 구리나 주석보다 녹는점이 훨씬 높아. 철의 녹는점은 섭씨온도 1,500도 이

청동 검 만들기

1. 구리와 주석 또는 아연을 도가니에 넣고 센 불로 가열해 청동 물을 만든다.

2. 돌을 깎아 만든 틀인 거푸집 두 개를 잘 맞추어 서로 묶는다.

3. 거푸집을 흙 속에 넣고, 끓인 청동 물을 구멍으로 넣는다.

4. 거푸집을 풀고 칼 모양으로 굳어 버린 청동 검을 꺼낸다.

5. 청동 검을 숫돌에 갈아 날을 날카롭게 만들어 완성한다.

상, 구리는 1,000도 남짓, 주석은 230도 쯤이야. 그러니 아직 기술이 부족한 인류가 철보다는 구리를 먼저 이용하게 된 거지. 하지만 구리는 너무 물러서 도구를 만들기에 적당하지 않았어. 그래서 고민을 거듭하다 우연한 기회에 구리에 주석이나 아연을 섞으면 더욱 단단해진다는 것을 발견하게 된 거야.

석기는 누구나 만들어 가질 수 있었지만 청동기는 그렇지 않았어. 청동 검이나 청동 거울은 아무나 가질 수 없는 귀중품이었지. 청동을 만드는 것도, 청동을 재료로 검이나 거울을 만드는 것도 당시로서는 첨단 기술을 가진 사람만이 할 수 있는 어려운 작업이었거든. 그러니까 청동기는 그야말로 지배자를 상징하는 도구인 거지.

청동 검이야 무기니까 다른 사람을 지배하는 데 필요했겠지만 청동 거울과 방울은 왜 필요했을까? 청동 거울은 단순히 얼굴을 비춰 보는 물건이 아니었어. 이걸 가슴에 달고 햇빛을 받으면 번쩍번쩍, 뭔가 신비로운 분위기를 풍겼지. 또한 청동 방울을 울리면서 사람들을 대표해 하늘에 제사를 지내는 거야. 이렇게 지배자는 무력뿐 아니라 종교적인 힘을 통해서 다른 사람들을 다스렸어. 앞에서 본 고인돌 또한 지배자의 권위를 높이는 데 이용된 거야.

청동기 시대에 처음 생겨난 지배자는 하늘에 제사를 지내는 제사장의 역할까지 겸했어.

반달 돌칼에 담긴 청동기 사회의 비밀

고인돌과 청동기에 담긴 의미까지 알아봤으니 이제 강화역사박물관으로 들어가 볼까? 이곳은 구석기 시대부터 조선 시대 말기까지 강화도의 역사를 시대순으로 보여 주고 있어. 오늘은 수업 내용과 관련 있는 청동기 시대 전시실을 집중적으로 보자.

먼저 커다란 토기가 눈에 띄네? 그런데 어떠니? 서울 암사동 유적에서 본 신석기 시대 토기와 뭐가 다르지? 그래, 신석기 시대 토기는 빗살무늬가 있었는데, 청동기 시대에는 아무런 무늬가 없구나. 이걸 '무늬 없는 토기' 혹은 '민무늬 토기'라고 불러. 신석기 시대의 대표 토기가 빗살무늬 토기라면 청동기 시대의 토기는 민무늬 토기야.

그런데 가만, 무늬가 아주 없는 건 아니네. 자세히 보니 줄무늬 같은 것이 희미하게 보이는걸? 그런데 학자들은 이렇게 무늬가 약간 있는 것도 모두 민무늬 토기로 분류해. 신석기 시대의 빗살무늬 토기와 비교하면 무늬가 없는 거나 마찬가지니까.

민무늬 토기(복제품)

아직도 빗살무늬 토기를 쓰세요? 청동기 시대 첨단 기술의 상징, 민무늬 토기를 쓰세요!

청동기 시대의 토기는 무늬만 달라진 게 아니야. 우선 빗살무늬 토기의 특징인 뾰족한 바닥이 사라졌지. 민무늬 토기의 바닥은 모두 오늘날 그릇과 같이 납작하게 생겼단다. 또 모양이 다양해지고 더욱 단단해졌어. 청동기 시대가 되면서 기술이 발달했기 때문이야.

참, 전시실에서 다소 특이해 보이는 도구를 하나 찾아보렴. 다 신기하다고? 반달 모양의 작은 돌판 가운데에 2개의 구멍을 뚫어 놓은 거야. 자, 모두 찾았니? 이건 무엇에 쓰던 물건일까? 이 도구의 이름은 반달 돌칼. 곡식의 이삭을 자르던 농기구야. 구멍에 풀로 엮은 끈을 끼워서 손에 쥐고 곡식을 자른 거지. 그래야 잘 빠지지 않을 테니까.

그런데 이 도구를 돌로 만든 이유는 뭘까? 청동으로 만들면 훨씬

반달 돌칼

어휴, 이렇게 하나씩 이삭을 따서 언제 마친담?

더 단단해서 좋지 않았을까? 그 까닭은 이미 앞에서 이야기한 내용에 들어 있어. 청동기는 귀해서 아무나 못 쓰는 것이었다고 했지? 주로 지배자의 무기나 제사 도구를 만드는 데 썼다고 말이야. 보통 사람들은 여전히 석기를 사용했어. 이들이 쓰던 농기구도 돌로 만든 게 대부분이었고.

그렇다면 농사를 지은 곡식은 어떻게 나누었을까? 신석기 시대까지만 해도 식량은 모두가 똑같이 나눴어. 그러지 않으면 굶는 사람이 생겼거든. 이때만 해도 아무리 열심히 일해도 겨우 먹고살 만큼만 생산할 수 있었으니까. 그래서 신석기 시대에는 내 것 네 것 구분이 없었어. 어차피 나눠 먹고 나면 남는 게 없었는걸, 뭐. 그런데 청동기 시대가 되면서 농업 기술이 발달하여 충분히 먹고도 남을 정도의 식량이 생산되었어. 이때부터 새로운 고민이 시작되었지.

자, 남은 식량을 어떻게 할까? 이것도 모두가 똑같이 나눌까? 그랬으면 좋겠지만 사람 마음이란 게 어디 그런가? 더구나 내가 저 사람보다 더 많이 일한 것 같은데……. 그러면 일을 한 만큼 나눌까? 그 양은 누가 정하지? 으아, 머리 아프다! 차라리 옛날처럼 먹고 남는 것이 없다면 어떻게 나눌까 고민할 필요도 없을 텐데……. 이처럼 먹고 남을 정도의 식량(이것을 '잉여 생산물'이라고 불러.)이 생산되었기 때문에 새로운 갈등이 생겼어. 식량을 나누는 과정에서 싸움이 일어나기도 하고, 다른 마을의 잉여 생산물을 빼앗으려고 전쟁을 일으키기도 했어.

이 과정에서 인류 사회에는 두 가지 커다란 변화가 생겼단다.

📖 청동기 시대에 농사짓는 기술이 발달하면서 거두어들이는 곡식이 많아지자 재산을 많이 가진 사람과 적게 가진 사람이 생겨났고, 지배하는 사람과 지배를 받는 사람으로 나누어졌다.

자, 이전까지 우리 모두의 소유였던 것들이 각자 개인의 소유가 되었고, 많이 가진 사람들이 그렇지 못한 사람들을 지배하게 되었어. 쉽게 말해서 부자와 가난한 사람이 생겨나고, 부자는 '지배하는 사람들'(지배층)이 되고 가난한 사람은 '지배를 받는 사람들'(피지배층)이 된 거야. 지배층은 군사의 힘과 종교의 힘으로 다른 이들을 지배하면서 그들이 농사지은 곡식을 가졌어. 농사 같은 힘든 일은 다른 사람에게 맡기고, 자신들은 귀한 청동기를 갖고 전쟁을 벌이거나 하늘에 제사를 지내면서 다른 사람을 지배하는 힘을 키운 거야. 그러고 나서 죽으면 고인돌 아래에 묻혔지.

청동기 시대 이전에는 지배층이 없었을까? 그 전에도 마을의 촌장이나 어른이 중요한 결정을 내리긴 했어. 하지만 그걸 지배라고 부르기는 힘들어. 지배라면 다른 사람을 복종하게 하고 다스리는 행위를 통해서 뭔가 얻는 것이 있어야 하거든. 모두 똑같이 나누어야 겨우 굶어 죽지 않을 정도인데 다른 사람을 지배해 봐야 무슨 이익이 있겠어? 청동기 시대에 들어 잉여 생산물이 생긴 뒤에야 지배층이 나타날 수 있었던 거야.

다음 설명 중 청동기 시대 사람들의 생활 모습이 아닌 것은?

① 동굴에서 살면서 주먹 도끼를 사용해 고기를 잘랐다.
② 마을 사람들과 힘을 합해 큰 돌을 옮겨다 고인돌을 만들었다.
③ 반달 돌칼을 사용해 이삭을 땄다.
④ 마을 지도자가 청동 거울과 청동 방울을 차고 하늘에 제사를 지냈다.

정답 | ①번. 동굴에서 살면서 주먹 도끼를 쓰는 것은 구석기 시대 생활 모습이야.

청동기 시대 마을 모형

청동기 시대 마을 구경

　머리 아픈 설명은 이쯤 해 두고, 지금부터 청동기 시대 마을 구경을 한번 해 볼까? 강화역사박물관에는 청동기 시대 마을을 실감 나게 재현한 모형이 있거든. 교과서에 실린 청동기 시대의 내용이 여기에 거의 다 담겨 있단다.

　바다와 갯벌이 있는 걸 보니 바닷가에 자리 잡은 마을이로구나. 신석기 시대뿐 아니라 청동기 시대 사람들도 이렇게 강변이나 바닷가에서 살았어. 그 이유는? 강이나 바다에서는 먹을 것을 구하기 쉬웠으니까!

마을 중앙에 집들이 보이지? 그런데 어때? 서울 암사동 유적에서 본 신석기 시대 움집과 뭐가 다르니? 우선 집 모양이 원형에서 널찍한 타원형으로 바뀌었네. 규모도 훨씬 커진 것 같아. 또 신석기 시대의 집은 바닥을 깊이 파내고 지은 움집인데, 청동기 시대 마을의 집은 그렇지 않아 보이고. 그런데 실제로는 청동기 시대 사람들 대부분도 움집에서 살았어. 다만 집 짓는 기술이 발달해서 집의 크기가 커지고 바닥을 얕게 팠지.

앞마당에서 사람들은 우리에 있는 돼지에게 밥을 주고, 토기를 만들고, 절구에 곡식을 넣어 빻고 있구나. 그 옆으로 두 사람이 청동 물을 붓고 있네. 마을에서 청동기를 만드는 대장간은 아주 중요한 곳이었을 거야. 그곳에는 당시 최고의 전문가들이 있었겠지.

사람들이 농사짓는 모습을 찾았니? 앞에서 말했듯이 이때는 농업 기술이 발달하고 벼농사가 처음으로 시작되었어. 한반도의 청동기 시대 사람들은 벼의 생산량을 늘리기 위해 생각을 거듭한 끝에 논을 만들었지. 밭(田, 밭 전)에다 물(水, 물 수)을 채워 만든 것이 논(畓, 논 답)이야. 그런데 논을 만드는 것은 당시로서는 어지간한 기술과 인력으로는 불가능한 일이었단다.

마을 뒤쪽으로는 고인돌도 있어. 기중기도, 크레인도 없던 옛날에 사람들은 어떻게 이처럼 큰 돌을 옮겨서 고인돌을 만들었을까? 그 질문에 대한 해답을 보여 주는 모형이 역시 전시실에 있어. 우선 산에서 큰 돌을 구한 다음 땅을 파고 큰 돌 2개를 세워. 다시 그 위로 흙을 덮어서 작은 언덕을 만들지. 그리고 한쪽에서는 바닥에 깔

고인돌 만들기

1. **돌 캐기** 돌산에서 큰 돌을 캐낸다.
2. **운반하기** 통나무를 이용해 덮개돌을 옮긴다.
3. **돌 세우기** 땅을 파고 굄돌 두 개를 세운 뒤, 흙으로 덮어 작은 언덕을 만든다.

아 놓은 통나무들 위에 큰 덮개돌을 올리고 통나무를 바퀴처럼 굴려서 돌을 옮겨. 마지막으로 덮개돌을 작은 언덕을 따라 올린 뒤, 언덕의 흙을 치우면 고인돌 완성! 어때? 기술이 훌륭하지?

씨족에서 부족으로, 마을에서 국가로

'인간은 사회적 동물이다.'라는 말을 들어 봤니? 인간은 혼자서 못 살고 여럿이 모여 사회를 만들어야 살 수 있다는 얘기야.

구석기 시대 사람들도 무리를 지어 살았어. 그래야 사냥을 하고 아이들을 키우는 데 유리했거든. 우선은 가족끼리 모여 살았지. 물

4. 돌 올리기 작은 언덕 위로 덮개돌을 끌어 올린다.

5. 완성하기 흙을 치운 다음, 굄돌 사이에 시신을 넣고 막음돌로 굄돌의 앞뒤를 막으면 끝!

론 지금처럼 엄마, 아빠, 아이로 이루어진 핵가족이 아니라 먼 친척까지 함께 모여 사는 대가족 말이야. 이런 대가족이 여럿 모인 집단을 씨족이라고 불러. 그런데 사람들은 같은 씨족 말고 다른 씨족과 결혼을 했어.

  씨족끼리 교류가 자연스럽게 이루어지면서 나중에는 같은 씨족뿐 아니라 다른 씨족과도 함께 마을을 이루어 살게 되었어. 이렇게 씨족에서 규모가 좀 더 커진 사회를 부족이라고 불러. 신석기 시대의 집단은 씨족에서 출발해 부족이 되었는데, 청동기 시대가 되면서 부족의 규모는 더욱 커지지. 곡식을 더 많이 생산하게 되고, 청동 무기가 발달하면서 남은 식량을 서로 차지하려고 부족 간의 싸움도 잦아졌단다. 부족의 규모가 커지면서 작은 싸움이 큰 전쟁이 되었어. 전쟁에서 이긴 부족은 새로운 지배층이 되고, 이렇게 여러 부족이 합쳐지면서 마침내 나라가 생겼단다. 한반도 최초의 국가인 고조선도 이런 과정을 통해 세워진 나라야.

 '세계 4대 문명'이라고 들어 봤니?

세계에서 가장 먼저 문명이 발달한 네 곳을 가리키는 말이지. 메소포타미아 문명, 이집트 문명, 인더스 문명, 황허 문명을 말하는데, 이곳들의 공통점은 모두 큰 강을 끼고 있다는 거야. 이것만 봐도 사람들은 옛날부터 물가 주변에 자리를 잡고 살았다는 것을 알 수 있지.

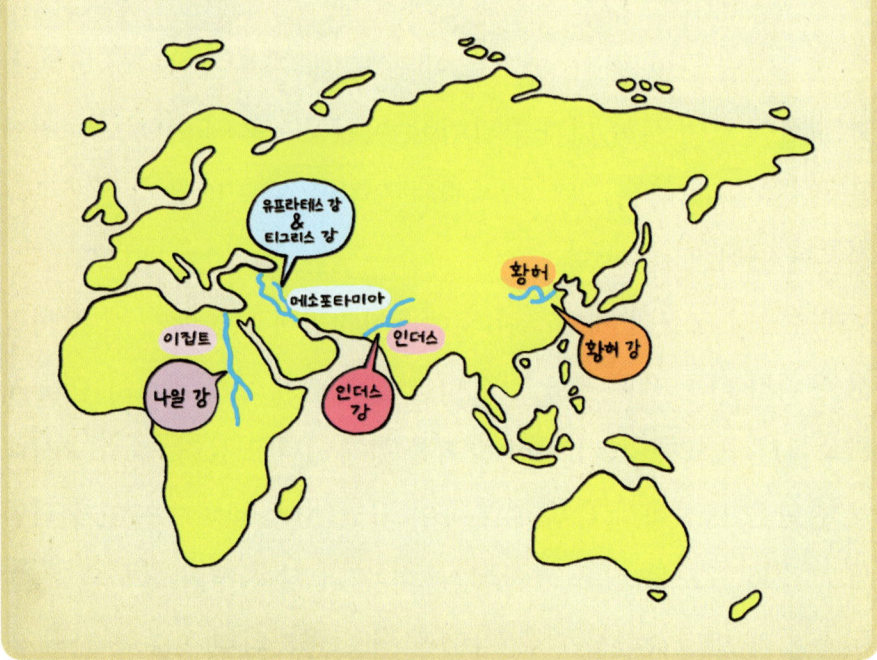

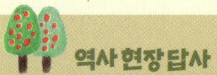 

청동기 시대로 출발! 강화 고인돌공원과 강화역사박물관

강화역사박물관 내부

서울에서 차를 타고 한 시간 남짓이면 도착하는 강화도는 정말 아름다운 섬이야. 파란 하늘 아래 아기자기하게 이어지는 해안선과 인근 섬들은 그대로 한 폭의 그림이지. 이렇게 아름다운 곳에서 우리 조상들은 일찍부터 자리를 잡고 역사를 일구어 왔단다.

강화도의 역사를 두루 살필 수 있는 곳이 바로 강화역사박물관이야. 박물관 바로 맞은편에는 고인돌공원이 있지. 넓은 공원에 위풍당당하게 서 있는 고인돌을 둘러보면서 청동기 시대 사람들이 어떻게 살아갔을지 떠올려 보는 것도 좋겠다.

강화역사박물관 안으로 들어가 볼까? 박물관 입구에 들어서면 먼저 에스컬레이터를 타고 2층으로 가야 해. 여기서부터 시대순으로 유물들이 전시되어 있거든. 2층 전시실에서는 구석기 시대부터 청동기 시대까지 강화도의 역사와 유물들을 볼 수 있어. 구석기 시대의 뗀석기인 '주먹 찌르개'부터 청동기 시대의 대표 유물인 '반달 돌칼'까지 말이야.

강화역사박물관에는 청동기 시대 유물 말고도 고려 시대와 조선 시대 후기 전시물(1층 전시실)도 많이 있어. 강화도는 고려 때 몽골의 침략에 맞서 40년 동안 싸웠던 곳이고, 조선 후기에는 서양 세력이 침략한 곳이었거든. 더 자세한 이야기는 나중에 해 줄게.

:: 알아 두기 ::

가는 길 강화시외버스터미널에서 버스를 타고 30분이면 강화역사박물관 도착!
관람 소요 시간 1시간.
휴관일 매주 월요일, 1월 1일, 설날·추석날 당일.
추천 코스 시대별로 쭉 훑으려면 2층 전시실을 먼저 본 뒤 1층 전시실을 보면 돼.

기원전 2333년	단군왕검이 고조선을 세우다 (『삼국유사』 기록)
기원전 5세기	한반도에 철기 문화가 들어오다
기원전 108년	고조선이 멸망하다
기원전 57년	박혁거세가 신라를 세우다
기원전 37년	주몽이 고구려를 세우다
기원전 18년	온조가 백제를 세우다
42년	김수로가 금관가야를 세우다
4세기	근초고왕(?~375) 때 백제가 전성기를 맞이하다
5세기	광개토 대왕(374~413), 장수왕(394~491) 때 고구려가 전성기를 맞이하다
6세기	진흥왕(534~576) 때 신라가 전성기를 맞이하다
562년	대가야가 멸망하다

2부

고조선에서 삼국 시대로

5교시 | **최초의 국가, 고조선** _ 국립중앙박물관 고조선실
6교시 | **엎치락뒤치락! 고구려, 백제, 신라 그리고 가야** _ 몽촌토성, 한성백제박물관
7교시 | **불교, 국력을 키우고 예술을 꽃피우다** _ 경주 남산
8교시 | **따로 또 같이, 삼국의 문화** _ 국립중앙박물관 고구려실·백제실·신라실·가야실
9교시 | **신분이 다르면 생활도 다르다** _ 한성백제박물관

5교시
최초의 국가, 고조선

국립중앙박물관 고조선실

농경 무늬 청동기

거친 무늬 거울

단군왕검의 후손이 청합니다. 올해 농사도 잘되고 모든 백성들이 무탈하게 해 주소서.

> 청동기 시대가 되면서 한반도에 처음으로 나라가 생겼어. 바로 단군 할아버지가 세운 고조선! 한반도 북쪽에 자리 잡은 고조선은 당시 중국과 어깨를 나란히 할 정도로 세력이 컸단다. 고조선의 뒤를 이어 부여, 고구려, 옥저, 동예, 삼한 등의 나라들이 등장하면서 한반도의 역사는 흥미진진해지기 시작하지.

단군 할아버지를 모르는 친구들이 있을까? 그분이 우리 역사 최초의 나라인 고조선을 세웠다는 사실도 대부분 알 거야. 10월 3일 개천절을 국경일로 정한 것은 바로 단군이 고조선을 세운 걸 기념하기 위해서니까. 하지만 단군에 대해서 정말 잘 아는 친구들은 많지 않을지도 몰라.

그러면 단군에 대해 자세히 알아보기 위해서는 어디로 가면 좋을까? 단군이 하늘에 제사를 지낸 곳이라는 강화도 마니산 참성단이 좋을까? 아니면 1993년에 북한에서 발굴되었다는 단군릉은 어떨까? 고심 끝에 선택한 오늘의 현장 수업 장소는 국립중앙박물관 고조선실! 이곳에서야말로 지금 대한민국에서 단군과 고조선에 대한 자료 및 유물을 가장 많이 볼 수 있거든.

단군 신화는 판타지 동화?

국립중앙박물관으로 가서 고조선실의 유물을 둘러보기 전에 먼저 '단군왕검 이야기'를 들려줄게. 고려 시대 일연 스님이 지은 역사책인 『삼국유사』에 나오는 이야기야.

옛날, 아주 오랜 옛날, 하늘나라를 다스리던 신인 환인에게는 환웅이라는 아들이 있었어. 그런데 환웅은 늘 땅으로 내려가고 싶었어. '널리 사람을 이롭게 한다.'는 홍익인간의 뜻을 마음에 품고 있었거든. 그래서 환인의 허락을 받아 비, 바람, 구름을 다스리는 신하와 3,000여 명의 무리를 이끌고 태백산(지금의 백두산)으로 내려왔단다. 환웅은 태백산 꼭대기에 있는 신단수라는 나무 아래에 도읍을 세우고 사람들을 다스리기 시작했어.

그러던 어느 날 곰과 호랑이가 환웅을 찾아왔어. 사람이 되고 싶다면서 말이야. 환웅은 그들에게 쑥과 마늘을 주면서 말했지.

"이 쑥과 마늘을 먹고 100일 동안 햇빛을 보지 않으면 사람이 될 것이다."

곰과 호랑이는 몹시 기뻐하며 동굴 속으로 들어가 쑥과 마늘만 먹으며 지냈어. 하지만 하루, 이틀 시간이 지나면서 점점 견디기 힘들어졌지. 결국 호랑이는 더 이상 참지 못하고 뛰쳐나가 버렸어. 묵묵히 견디던 곰은 마침내 사람이 되었고. 그것도 여인이 되었지. 환웅은 이 여인(웅녀)을 아내로 맞이했어. 그리고 여인은 아들을 낳았는데, 그분이 바로 단군왕검이야. 단군왕검은 아사달을 수도로 정하고 '조선'이라는 나라를 세웠단다.

단군왕검이 '고조선'을 세운 이 이야기를 '단군 신화'라고 해. 언뜻 들으면 판타지 동화같이 말도 안 되는 이야기지. 원래 신화라는 게 그래. 그러면 역사 시간에 왜 신화를 공부하느냐고? 신화에는 아주 중요한 역사적 사실들이 감춰져 있거든. 그럼 단군 신화 속에 숨겨진 역사적 진실들을 찾아 나서 볼까?

여기서 잠깐! 단군왕검이 세운 '조선'을 '고조선'이라 부르는 이유는 뭘까? 그 이유 역시 『삼국유사』에 나오지. 일연 스님은 단군왕검이 세운 조선과 나중의 조선(위만이라는 사람이 다스린 조선)을 구별하기 위해 옛날을 뜻하는 '고(古)'자를 붙여 '고조선'이라고 한거야.

단군 신화 속 역사적 진실을 찾아라!

먼저 단군왕검의 아버지인 환웅이 하늘나라를 다스리던 신의 아들이라는 것부터 살펴보자. 물론 이게 사실일 리는 없어. 그런데 왜 굳이 이런 황당한 이야기로 신화가 시작될까? 그걸 알기 위해서는 단군 신화를 만든 이유를 생각해 봐야 해.

모든 신화가 그렇듯 단군 신화 또한 현실을 설명하기 위해 만든 이야기란다. 당시의 현실은 단군왕검이라는 이가 고조선이라는 나라를 세워 사람들을 다스렸다는 것이지. 그렇다면 왜, 무슨 근거로 단군왕검은 사람들을 다스렸을까? 혹시 단군왕검이 자기 할아버지가 하늘을 다스리는 신이라고 주장한 것이 아닐까? 그러니 '내가 너희들을 다스리는 것은 당연하다.'라고 말이지. 이렇게 보면 환웅 이야기가 단군 신화의 첫머리에 나오는 까닭이 이해될 거야.

다음은 환웅이 비, 바람, 구름을 다스리는 신하들을 데리고 하늘에서 땅으로 왔다는 이야기가 나와. 환웅이 하늘에서 왔을 리야 없지만, 어쨌든 다른 지역에서 한반도 북쪽 지역으로 이동해 온 건 사실인 것 같아. 그것도 혼자가 아니라 무리를 이끌고.

그런데 비, 바람, 구름을 다스리는 신하 이야기는 뭘까? 비와 바람과 구름은 농사를 짓는 데 가장 중요한 요소야. 그것들을 다스린다는 것은 농사 기술이 발달했다는 의미지. 그러니까 이건 선진 농사 기술을 가진 환웅의 집단이 한반도 북쪽으로 옮겨 왔다는 이야기로구나.

'널리 인간을 이롭게 한다.'는 홍익인간의 뜻을 품었다는 건 이미 그곳에 살고 있던 여러 집단들을 받아들였다는 의미 같아. 물론 지배 집단은 환웅과 신하들이었고. 당연히 원래 있던 집단 가운데는 단군과 손을 잡은 이들도 있고 싸운 이들도 있었겠지. 그런 상황을 담아낸 것이 곰과 호랑이의 변신 이야기야. 그런데 웬 곰과 호랑이? 고대 부족들은 저마다 자신을 지켜 주는 동물 신(이것을 '토템'이라고 불러.)을 모시고 있었거든. 그러니까 환웅 집단이 이주한 지역에도 호랑이와 곰을 신으로 섬기는 부족들이 있었을 거야. 환웅은 그중 곰 부족과 손을 잡아 고조선을 건국했던 거고. 이런 과정을 거쳐 세워진 고조선의 지배자가 바로 단군왕검인 것이지.

사실 단군왕검은 누군가의 이름이 아냐. 왕이나 대통령같이 직위를 가리키는 말이지. '단군'이란 하늘에 제사를 지내는 제사장, '왕검'이란 사람들을 다스리는 지배자를 뜻해. 그러니 단군왕검이란 종교와 정치를 모두 아우르는 지배자였던 거지.

이처럼 옛날에는 종교와 정치가 분리되지 않고 하나로 합쳐져 있었단다. 이런 형태를 '제정일치'라고 해.

어때? 찬찬히 살펴보고 나니 단군 신화 속 역사적 진실들이 이해가 되지? 이건 선생님이 만들어 낸 이야기가 아냐. 대부분의 역사학자들이 그렇게 생각하고 말하는 내용이야.

단군왕검

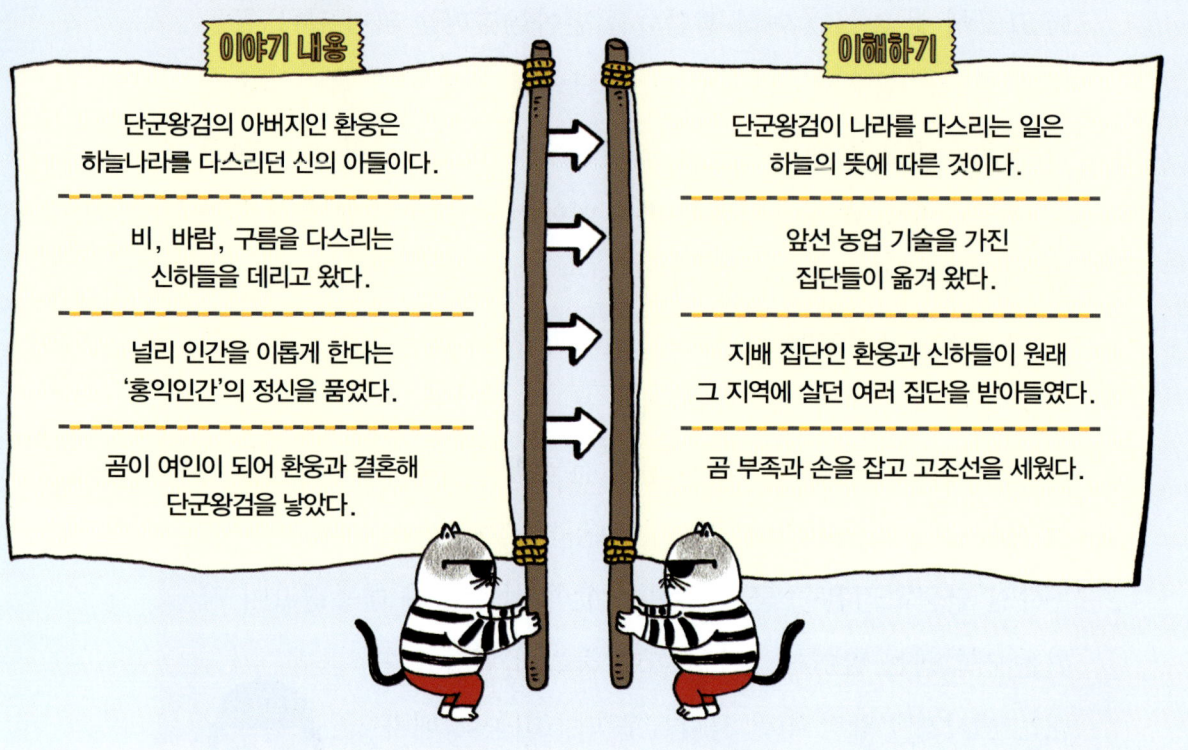

고조선 유물 삼총사

그럼 지금부터 본격적으로 고조선실의 유물을 둘러보기로 할까? 유물들의 색이 모두 푸른빛이지? 여기 유물들은 몇 개를 제외하고는 모두 청동으로 만든 것이거든. 구리에 주석을 섞어 만든 청동은 오랜 세월이 지나면 이렇게 푸른빛을 띠게 된단다. 참고로 철은 붉게 변해. 고조선은 청동기 문화를 바탕으로 세워진 나라이기 때문에 고조선의 유물들에는 청동기가 많아.

고조선실에서 가장 눈길을 끄는 유물이 뭐니? 그래, 뭐니 뭐니 해도 '비파형 동검'이지. '비파'란 서양의 기타와 비슷하게 생긴 중국 악기야. 그래서 이것을 닮은 청동 검을 '비파형 동검'이라고 불러. 그런데 고조선의 비파형 동검이 중국의 동검과 가장 크게 다른 점은 손잡이와 칼날이 분리되어 있다는 것. 그래서 이런 조립식 동검을 '고조선식 동검'이라고 하기도 해. 중국 동검은 손잡이와 칼날이 붙어 있는 일체형이거든. 이것은 고조선이 중국과 구별된 문화를 가졌다는 증거가 되기도 하지.

혹시 '동북공정'이라는 말을 들어 봤니? 중국에서 고구려와 발해 등 우리나라 역사를 자기네 역사라고 우기는 주장 말이야. 이 비파형 동검만 봐도 그런 주장이 얼마나 말이 안 되는지 알 수 있어.

비파형 동검 옆에는 그보다 배가 좀 홀쭉한 동검이 있는데, 찾았니? 한반도 남쪽 지역에서는 비파형 동검처럼 칼날과 손잡이가 분

비파형 동검(왼쪽)과 세형동검(오른쪽)

리되지만 칼날 부분이 좀 더 가는 동검을 만들기 시작했어. 이건 '세형동검' 혹은 우리나라에서 개발되었다고 해서 '한국식 동검'이라고 부르지. 이 세형동검 또한 고조선의 영향으로 만들어졌어. 당시 고조선은 한반도에서 가장 앞선 청동기 문화를 갖고 있었거든.

비파형 동검 말고도 고조선의 대표 유물이 두 가지 더 있어. 그중 하나는 지난 시간에 강화 고인돌공원에서 본 탁자 모양 고인돌이야. 탁자 모양 고인돌은 북쪽 지방에서 많이 발견된다고 했지? 고조선이 바로 한반도 북부에서 중국 동북부 지역에 걸쳐 자리 잡고 있었거든. 어쩌면 단군왕검도 어느 고인돌 아래에 묻혀 계실지 몰라.

비파형 동검과 세형동검이 나란히 전시된 곳 옆에 특이하게 생

> 비파형 동검, 고인돌, 미송리식 토기는 고조선의 대표 유물!

탁자 모양 고인돌

긴 토기가 보이니? 동그란 몸통 양쪽에는 손잡이가 달렸는데, 넓은 주둥이가 하늘을 향해 나팔 모양으로 퍼져 있구나. 물을 담거나 쏟을 때 무척 편리했겠다. 이 토기는 '미송리식 토기'라고 불러. 평안북도 의주군 미송리에서 발견되었기 때문에 붙은 이름이지. 이것 역시 고조선을 대표하는 유물이야.

미송리식 토기

 **고조선도 중국 땅, 고구려도 중국 땅?**

'동북공정'이란 한마디로 '중국의 동북쪽 지방 역사를 체계적으로 연구하는 사업'이야. 지금의 중국 국경 안에서 벌어졌던 모든 역사를 중국 역사로 만들기 위해 말이지. 그런데 고조선, 고구려, 발해가 바로 지금 중국의 동북 지방에 있었거든. 물론 옛날에 이 지역은 중국이 아니었지. 문제는 오늘날 중국이 이 나라들까지 몽땅 중국 역사에 포함하려고 한다는 거야. 그래서 고조선, 고구려, 발해의 역사도 한국사가 아닌 중국사라고 우기고 있단다.

고조선은 법대로!

고조선 사람들은 어떻게 살았을까? 우선 비파형 동검, 탁자 모양 고인돌, 미송리식 토기 등 고조선 유물들을 보아 청동기 시대 문화가 발달했다는 것을 알 수 있어.

지난 시간에 한반도의 청동기 시대 사람들이 어떻게 살았는지 배웠지? 이 무렵에 처음 나타난 지배자는 청동 검과 청동 거울을 가지고 하늘에 제사를 지냈다고 했어. 그렇다면 강화도 마니산 참성단에서 하늘에 제사를 지냈다는 단군이 딱 그 모습이었겠구나. 그때 청동 검은 비파형 동검이었을 테고.

고조선의 보통 사람들은 돌로 만든 농기구로 농사를 짓고, 가축을 기르고, 사냥을 하면서 마을을 이루고 살았어. 강화역사박물관에서 본 청동기 시대 마을의 모습처럼 말이야.

그런데 고조선에는 백성을 다스리는 법이 있었다고 해. 8개 조항이라 '8조법'이라고 부르지만, 아쉽게도 그중 3개 조항만 전해 내려오고 있어. 무언지 한번 살펴볼까?

고조선의 법

- 사람을 죽인 자는 사형에 처한다.
- 남을 다치게 한 자는 곡식으로 갚아야 한다.
- 도둑질을 한 자는 데려다 노비로 삼는다. 만일 도둑질한 사람이 죄를 벗으려면 많은 돈을 내야 한다.

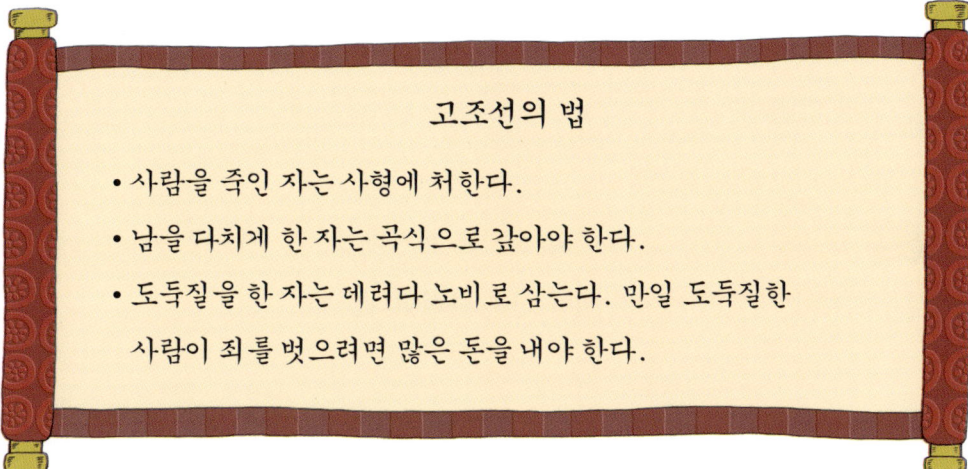

사람을 죽인 자는 사형에 처하다니, 법이 엄청 엄격하네.

또 '곡식'이라는 말이 나오는 걸 보면 농사를 지었다는 것을 알 수 있어. 게다가 '갚아야 한다.'는 말을 보니 사람마다 개인 재산을 갖고 있었군. 만약 개인 재산이 없다면 누가 누구한테 빌리거나 갚을 수가 없잖아.

 고조선은 법을 통해 사회 질서를 유지하였으며, 지배층과 일반 백성들 사이에 생활의 차이가 심한 신분 사회였다.

그래, 고조선은 신분이 나뉜 사회였어. 8조법 조항에 나오는 '노비'는 노예와 비슷한 말이야. 노비가 있다면 주인도 있겠지? 그러니까 청동기 시대에 들어와 지배하는 사람과 지배를 받는 사람이 생기면서 신분 또한 생겨난 것이지. '많은 돈을 내야 한다.'는 말을 통해 당시에 돈이 쓰였다는 것도 짐작할 수 있어. 그때 사용했던 돈이 국립중앙박물관 고조선실에 있지. 어디 한번 찾아볼까? 이런, 돈처럼 생긴 건 전혀 보이지 않는다고? 청동으로 만든 부엌칼 같은 것이 보이니? 그게 바로 돈이야! 이름은 '명도전'. 고대 중국에서 만든 돈인데, 고조선에서도 많이 사용되었다는구나.

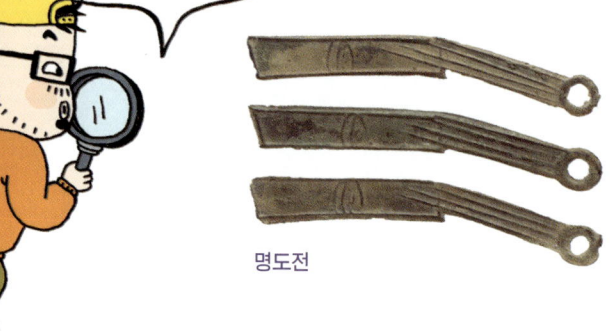

이게 대체 얼마야? 명도전 등 고대 화폐들은 끈으로 묶거나 항아리에 담긴 채로 많이 발견되었단다.

명도전

다음 설명 중 고조선 사람들의 생활 모습이 아닌 것은?

① 칼날과 손잡이가 분리되는 비파형 동검을 사용했다.
② 지배층이 죽으면 벽화가 그려진 무덤에 묻혔다.
③ 8개의 법을 지켰다.
④ 돌로 만든 농기구로 농사를 지었다.

정답 | ②번. 고조선의 지배층은 고인돌에 묻혔어.

고조선의 뒤를 이은 나라들

명도전을 통해 우리가 알 수 있는 사실 하나 더! 고조선이 중국과 활발히 교류했다는 것.

명도전 근처에 철로 만든 도구들이 보이니? 청동기 시대의 반달 돌칼을 그대로 본떠 철로 만든 유물도 있네. 또 낫과 곡괭이 등 이전까지 석기였던 농기구들이 철기로 바뀌었군. 이러한 철기 문화는 기원전 5세기쯤에 중국을 통해 고조선으로 들어왔단다. 한반도에도 철기 시대가 시작된 거야. 처음에는 주로 중국에서 수입해서 쓰다가 나중에는 고조선 사람들이 직접 철을 만들어 내기 시작했어.

청동기 대신 철기를 쓰면서 사람들의 생활은 크게 바뀌었어. 청동기는 일부 지배층만이 사용했지만, 철기는 보통 사람들도 쓸 수 있었거든. 왜냐고? 청동의 원료인 구리보다 철이 훨씬 더 많았으니까. 또한 사람들은 철로 청동보다 더 단단한 도구를 만들 수 있었어. 처음에는 철기 역시 청동기를 만드는 방법대로 틀에 쇳물을 부어서 만들었어. 하지만 곧 뜨거운 철을 두드리면 더욱 단단해진다는 사실을 알게 되었지. 이런 방식으로 더욱 단단한 농기구와 더욱 날카로운 칼을 만들어 냈던 거야. 철로 만든 농기구를 사용해서 농사를 지으니 생산량이 늘었어. 땅을 파는 곡괭이도 철로 만든 것이 훨씬 깊이 팔 수 있었거든. 하지만 불행히도 이렇게 해서 늘어난 생산물을 빼앗기 위해 전쟁도 늘어났단다. 더욱 날카로워진 무기를 들고서 말이야.

고조선과 중국도 철로 만든 무기로 전쟁을 벌였단다. 고조선은 중국과 한반도 남쪽 지역 사이에 자리 잡고 있으면서 둘 사이를 연결하는 무역을 통해 많은 돈을 벌었어. 고조선의 힘이 점점 커지자 중국의 한나라는 위기를 느끼고서 자기 나라를 섬기라고 했어. 고조선은 한나라와의 사이가 점점 나빠졌고, 한나라는 고조선을 침략해 들어왔어. 고조선은 이에 맞서 치열하게 싸웠지만 결국 멸망하고 말아. 이것이 기원전 108년의 일이야.

단군이 세웠던 우리 역사 최초의 국가 고조선이 이렇게 사라지다니, 너무 아쉽다고? 그렇게 슬퍼할 필요는 없어. 고조선이 멸망하기 전부터 한반도에는 고조선의 뒤를 이어 다른 나라들이 성장하고 있었으니까. 또한 고조선이 망하면서 많은 사람들이 고조선의 앞선 문화를 가지고 다른 나라로 넘어가 그 나라들이 더욱 발전한단다. 부여, 고구려, 옥저, 동예, 마한, 진한, 변한 등이 바로 그 나라들이야. 고조선의 북쪽 넓은 평야 지역에는 부여가 세워졌고, 고조

선의 중심부가 있던 한반도 북쪽 지역에는 고구려가 성장했어. 옥저와 동예는 해안가에 자리 잡았고, 남쪽에는 마한, 진한, 변한 등의 나라가 생겨났지.

고조선이 망하기 전에 세워진 부여에는 고조선처럼 엄격한 법이 있었어. 사람을 죽인 자는 사형에 처하고, 그 가족은 노비로 삼았으며, 도둑질을 하면 훔친 것의 열두 배로 갚게 했단다. 고구려는 부여에서 나온 사람들이 세운 나라야. 그래서 부여 바로 아래쪽에 자리를 잡았고, 풍습도 비슷한 것이 많아. 동해 쪽에 자리 잡은 동예와 옥저에는 아직 왕이 없었어. 그만큼 발전이 더뎠다고 볼 수 있지. 하지만 바다와 접해 있어서 해산물이 풍부했어. 또 토지가 비옥했지.

한반도 남쪽의 마한, 진한, 변한은 한꺼번에 '삼한'이라고도 불러. 삼한은 땅이 비옥해서 벼농사가 발달했어. 그중에서도 변한은 철이 많이 나서 다른 나라에 철을 수출하기도 했단다. 『삼국지 위서 동이전』이라는 책의 「마한조」와 「변진조」 부분을 보면 삼한 사람들은 '술 마시고, 노래하고, 춤추는 것'을 좋아했대. 사실 먹고 마시고 춤추기 좋아한 것은 삼한만이 아니었어. 다른 나라들도 하늘에 제사를 지내면서 한바탕 축제를 벌였거든. 삼한은 수십 개의 크고 작은 부족 국가들로 이루어져 있었는데, 그중에 백제와 신라가 세력을 넓히면서 이후 북쪽의 고구려와 함께 삼국 시대를 열게 된단다.

고조선실 옆에 있는 부여·삼한실에 가면 우선 눈에 들어오는 것이 있어. 다양한 철기들. 칼이나 창뿐 아니라 각종 농기구까지 다양하기도 하구나. 고조선의 뒤를 이은 나라들은 모두 철기 문화를 바탕으로 태어났거든.

오늘은 여기까지. 삼국 시대의 시작은 다음 시간에 자세히 살펴보자.

교과서에 안 나오는 이야기

가상 인터뷰! 역사의 아버지, 헤로도토스를 만나다

연도 외우기는 정말 힘들다. 이 머리 아픈 역사책을 누가, 왜 쓰기 시작한 걸까? 역사 과목 때문에 힘들어하는 대한민국 어린이들을 위해 세계에서 처음으로 역사책을 쓴 역사의 아버지, 고대 그리스 역사학자 헤로도토스를 만났다.

 아저씨가 역사를 처음 기록한 사람이군요. 역사책 때문에 학교 공부가 너무 힘들어졌어요. 도대체 왜 역사책을 쓸 생각을 하신 거예요?

 이런! 본의 아니게 미안하게 되었네요. 내가 『역사』라는 책을 쓴 것은 우리 나라 그리스와 페르시아 사이에 전쟁이 벌어졌기 때문이에요. 어떻게 해서 그리스와 페르시아 사이에 그토록 끔찍한 전쟁이 벌어졌는지 궁금해 견딜 수가 없었어요.

 그러면 전쟁의 이유를 알기 위해 쓴 책에 '역사'라는 제목을 붙인 이유가 뭔가요?

지금의 전쟁이 벌어진 이유를 알기 위해서는 이전에 그리스와 페르시아가 어떤 사건들을 겪어 왔는지 알아야 했거든요.

 어렵거나 힘들진 않으셨어요?

 아니, 오히려 재미있었어요. 여행도 많이 하고…. 나는 방에 가만히 앉아서 책을 쓴 게 아니라 해당 지역을 직접 찾아다니며 자료를 모으고 사람들을 만났거든요. 그랬더니 역사가 정말 재미있어졌어요. 음, 역사 현장에 가서 직접 보고 듣는 역사는 무척 생생하고 흥미롭지요. 물론 교실에서 선생님한테 배우는 역사 역시 정말 중요해요! 오해하지는 마시길.

 예. 역사를 즐기면서 아는 게 무엇보다 중요하겠네요. 여행도 많이 하고 역사 현장을 많이 다녀야겠습니다. 말씀 고맙습니다.

6교시

엎치락뒤치락!
고구려, 백제, 신라 그리고 가야

몽촌토성, 한성백제박물관

몽촌토성

백제의 요새였던 몽촌토성은 산책 코스로도 딱이야~

한성백제박물관

> "고구마, 백 개, 심으러, 가자!" 이게 무슨 소리냐고? 이건 선생님이 어릴 때 삼국과 가야의 이름을 외우던 방법이야. 재밌지? 이번 시간에는 삼국과 가야가 어떻게 생겨나고 발전했는지 살펴볼 거야. 이제부터 수많은 인물들이 등장해서 더 재미있고 흥미진진한 역사가 펼쳐진다는 말씀. 기대해!

오늘은 고조선을 이어 생겨난 나라들 가운데 고구려, 백제, 신라 그리고 가야에 대해 배울 거야. 왜 이 네 나라냐고? 이 나라들이 주변 나라들을 흡수하면서 우리 역사의 주인공으로 등장하거든. 그런데 가야는 아쉽게도 제대로 발전하지 못하고 신라에 정복되기 때문에 보통 고구려, 백제, 신라만을 묶어 '삼국 시대'라고 해.

이번 시간의 수업 장소는 서울 올림픽공원 안에 있는 한성백제박물관이야. 올림픽공원이 있는 한강 유역은 백제가 처음 자리를 잡은 곳이지. 박물관 바로 앞에 있는 몽촌토성이 그 증거! 지금도 몽촌토성 위에 서면 한강 주변 지역 일대가 훤히 보여. 그러니 여기에 성을 쌓으면 적을 방어하기 쉬웠던 거야. 몽촌토성에서 가까운 곳에 그보다 규모가 큰 풍납토성도 있단다. 이때는 돌이 아니라 흙으로 성을 쌓았는데, 이때 쌓은 토성이 아직까지 남아 있으니 얼마나 튼튼한지 알 수 있겠지? 이렇게 백제는 토성들을 쌓고 이 지역을 다스리면서 강한 나라로 성장했단다.

또한 한강 유역은 고구려, 백제, 신라가 서로 차지하기 위해 치열하게 전쟁을 벌인 곳이기도 해. 우리나라 지도를 떠올려 보면 금방 알 수 있어. 한강이 어디에 있니? 한반도의 중심에 있지? 한강을 차지하면 한반도 중심을 차지하는 셈이야. 더구나 한강을 이용하면 사람들이 다니거나 물건을 옮기기도 쉬웠거든. 한강에서 출발한 배가 바다 건너 중국까지 갈 수 있으니 중국의 앞선 문물을 가져오는 데도 유리했지. 또 한강 주변에는 기름진 땅이 많아 농사를 짓기도 좋았어.

지금부터는 책에 나오는 지도들을 잘 봐야 해. 삼국이 생겨나 땅을 넓히고 도읍을 옮기는 과정들은 역사 지도를 보면서 이해해야 확실히 내 것으

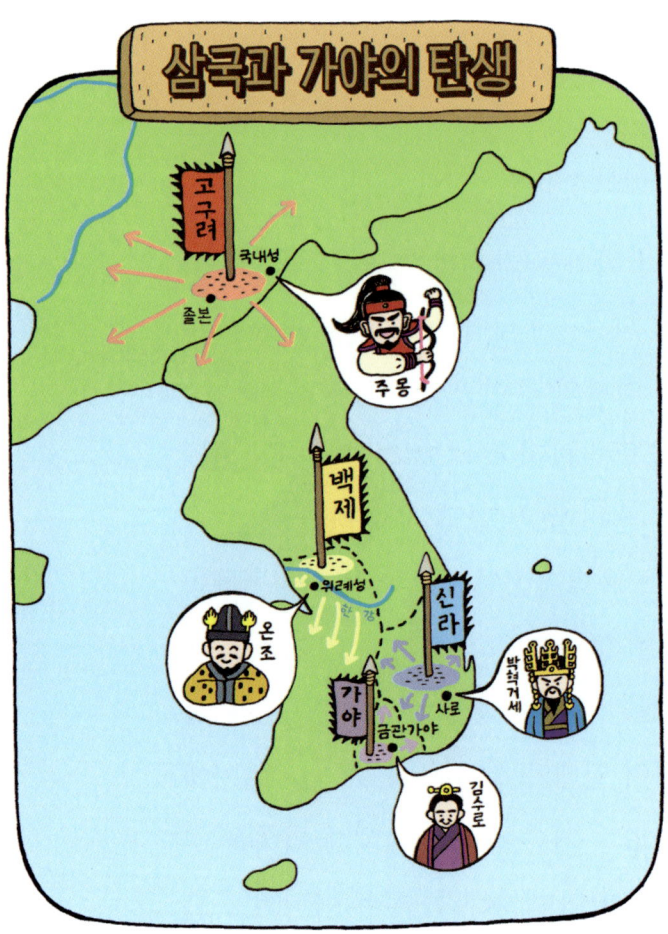

로 만들 수 있거든. 본격적으로 박물관을 둘러보기 전에 먼저 고구려, 백제, 신라, 가야의 탄생 과정을 알아볼까?

백발백중 주몽, 고구려를 세우다

때는 고조선이 망하고 아직 고구려가 생기기 전이었어. 부여를 다스리던 금와왕이 태백산 남쪽 강가에서 한 여인을 만났지.

"아니, 어째서 이런 곳에 혼자 있는 거요?"

금와왕의 물음에 여인이 입을 열었지.

"저는 물의 신 하백의 딸로 이름은 유화입니다. 어느 날 동생들과 놀고 있는데 하늘 신의 아들인 해모수가 찾아와 저를 웅신산 아래 강가로 데려갔어요. 그곳에서 우린 혼인을 했지요. 하지만 그는 곧 떠나가서 돌아오지 않았답니다. 아버지는 제 마음대로 혼인을 했다며 크게 화를 내시고 저를 이리로 쫓아 버렸어요."

금와왕은 유화를 궁궐로 데리고 왔어. 그런데 신기한 일이 일어났어. 햇빛이 유화를 따라가며 비추는 거야. 그러더니 유화의 배가 점점 불러 왔어. 해모수의 아이를 임신한 것일까? 그런데 유화가 낳은 것은 아기가 아니라 커다란 알이었어. 금와왕은 불길하다며 알을 버리라고 명령했지. 하지만 개와 돼지에게 주어도 먹지 않았고, 길에 버리니 소나 말이 피해 갔고, 들에 버리니 새와 짐승이 덮어 주었단다. 결국 금와왕은 알을 유화에게 돌려주었어. 그리고 따뜻한 곳에 두었더니 잘생긴 사내아이가 알을 깨고 나왔지.

아이는 어머니와 함께 궁궐에서 자랐는데, 어릴 때부터 똑똑하고 튼튼했어. 특히 아이가 활을 쏘기만 하면 백발백중이었대. 그래서 사람들은 활을 잘 쏘는 아이라 하여 '주몽'이라고 불렀어.

금와왕의 아들들은 주몽을 미워했어. 주몽이 자기들보다 모든 면에서 뛰어났기 때문이야. 나중에는 주몽을 죽이려고까지 했단다. 그래서 주몽은 친구 셋과 함께 부여를 떠나 남쪽으로 갔지. 그런데 가는 길에 엄수라는 큰 강을 만나게 되었어. 뒤로는 병사들이 쫓아오고 있는데 말이야. 이때 주몽이 외쳤어.

"나는 하늘 신의 아들이요, 물의 신 하백의 손자다!"

그러자 물고기들과 자라들이 물 위로 올라와 다리를 만들었어. 주몽 일행이 건넌 뒤 이 다리는 사라져 부여 군사들이 더 이상 쫓아오지 못했지. 주몽은 한반도 북쪽의 졸본이라는 땅에 이르러 나라를 세우고 이름을 '고구려'라고 지었어.

여기까지가 『삼국유사』에 실린 고구려 건국 신화야. 재미있는 건 부여 건국 신화에 등장하는 주인공의 이름도 주몽이라는 사실. 게다가 알에서 태어나 활을 잘 쏘았고, 어려운 과정을 거쳐 나라를 세웠다는 이야기 구조도 비슷해. 역시 고구려는 부여 출신의 사람들이 세운 나라로군. 나라를 세운 이야기까지 비슷하니 말이야.

그런데 부여에서 고구려가 나온 것처럼, 고구려에서는 백제가 갈라져 나와. 그래서 고구려 건국 신화는 자연스럽게 백제의 것으로 연결된단다. 꼬리에 꼬리를 무는 나라 세우기라고 할까? 이건 백제 건국 이야기에서 확인할 수 있어.

1. 옛날 부여에 잘생긴 사내아이가 알에서 태어났어.

2. 아이는 자라면서 활을 잘 쏘아 주몽이라 불렸지.

3. 주몽은 친구 셋과 함께 부여를 떠났어.

4. 주몽은 졸본에서 소서노라는 여인을 만나 결혼을 하고, 비류와 온조 형제를 두었지.

5. 드디어 주몽은 고구려를 세우고 왕이 되었어.

6. 그런데 주몽이 부여에서 낳은 아들인 유리가 주몽을 찾아왔어. 비류와 온조 그리고 소서노는 새로운 나라를 찾아 길을 떠났어.

형제의 나라 세우기 경쟁

졸본에 도착한 주몽은 나라를 세우기 전에 당시 그곳을 지배하던 연타발의 딸 소서노와 결혼했어. 그리고 비류와 온조 형제를 두었지. 그 뒤 주몽이 고구려를 세우고 동명 성왕이 되었으니, 당연히 형인 비류가 왕위를 잇게 될 터였어. 그런데 어느 날 유리라는 이름의 젊은이가 동명 성왕을 찾아와서 자신이 왕의 아들이라고 말했어. 유리의 말은 사실이었어. 동명 성왕은 크게 기뻐하고 유리를 태자로 삼았지. 그렇다면 비류와 온조는 어떡하느냐고? 하루아침에 불안한 처지가 된 거지, 뭐.

'차라리 우리가 고구려를 떠나 새로운 나라를 세우는 건 어떨까? 아버지가 예전에 그러셨던 것처럼 말이야.'

이런 생각을 하게 된 비류와 온조는 어머니 소서노와 함께 길을 떠났어. 10여 명의 신하와 수많은 백성들이 그 뒤를 따랐지. 그들은 남쪽으로 남쪽으로 내려오다 지금의 서울 근처에 있는 부아악이라는 산에 올라갔어. 높은 곳에서 사방을 둘러보던 비류가 바닷가 쪽으로 가겠다고 하자 신하들이 말렸지.

"저 남쪽의 땅을 보십시오. 북으로는 한강을 띠처럼 둘렀고, 동으로는 높은 산이 있고, 남으로 비옥한 벌판이 있으니 그야말로 하늘이 내린 곳입니다. 어찌 이곳에 도읍을 정하지 않으십니까?"

그래도 비류는 고집을 꺾지 않았어. 그는 미추홀(지금의 인천)로 가고 싶어 했고, 온조는 신하들의 말에 귀를 기울였어. 그렇다면 결론은? 각자 원하는 곳으로 가는 것! 비류는 미추홀, 온조는 한강 남쪽의 위례성으로 갔어. 하지만 바닷가인 미추홀은 땅이 습하고 물이 짜서 사람이 살기에 좋지 않았어. 위례성은 신하들의 말처럼 살기에 아주 편안했지. 결국 비류는 제대로 자리를 잡지 못했고 비류의 백성들이 동생 온조한테 오게 되면서 백제가 세워졌다는 말씀!

이것은 『삼국사기』에 실린 백제의 건국 이야기야. 신화라기보다는 역사에 가깝네. 이 이야기를 통해 알 수 있는 사실이 몇 가지 있어. 먼저 주몽이 고구려를 세우는 데 처가의 도움이 컸다는 것. 백제는 고구려에서 갈라져 나온 사람들이 세운 나라라는 것도 알 수 있지. 이들의 뿌리를 찾아 거슬러 올라가면 결국 부여로 이어지고 말이야. 백제 왕들의 성이 부여 씨였다는 것도 이런 사실을 뒷받침해. 기록에 나오는 위례성의 위치를 정확히 알 수는 없지만, 많은 학자들은 오늘날 서울의 몽촌토성이나 풍납토성이 있는 지역이 바로 위례성이었을 거라고 생각해.

『삼국사기』 대 『삼국유사』

두 책은 우리나라 삼국 시대 역사를 다루고 있다는 점은 같지만 책의 성격과 내용은 많이 달라. 『삼국사기』는 고려 인종 23년(1145)에 왕의 명령을 받은 김부식 등이 쓴 역사책이고, 『삼국유사』는 고려 충렬왕 7년(1281)에 승려 일연이 쓴 역사책이지. 곧 『삼국사기』에는 공식적인 역사 기록이 담겨 있고, 『삼국유사』에는 야사와 설화 등이 풍부하게 수록되어 있다는 것이 특징이야.

『삼국사기』는 국가 공식 역사서라고!

아무리 그래도 『삼국유사』가 더 재밌을걸?

김부식 일연

알에서 태어난 아이들이 세운 나라

신라의 건국 신화는 『삼국유사』의 기록이 더 자세하니 그 이야기를 들려줄게.

옛날, 아주 먼 옛날. 지금의 경주 지역에 여섯 마을이 있었어. 마을마다 촌장도 있었지. 이 마을들은 모여서 '사로국'이라는 나라를 이루었는데, 아직 왕이 없어서 여섯 촌장이 함께 나라를 다스렸어. 하루는 여섯 촌장이 모여서 이야기를 했어.

"우리에게 덕이 있는 왕이 있다면 지금보다 훨씬 살기가 좋아질 텐데……."

그러자 남쪽에 있던 나정이라는 우물가에 번개가 번쩍하더니 신비한 기운이 퍼졌어. 촌장들이 부랴부랴 그리로 가 보니 흰 말 한

경주 나정

마리가 꿇어앉아 절을 하고 있더래. 그 앞에는 박 모양의 커다란 알이 있었고. 말은 사람들을 보더니 길게 울고는 하늘로 올라가 버렸어. 그리고 알에서는 잘생긴 사내아이가 나왔지. 모두들 놀라워하며 아이를 목욕시켰는데 몸에서 빛이 나고 새와 짐승이 주변으로 몰려들어 춤을 췄다지 뭐야. 여섯 촌장은 아이가 박처럼 생긴 알에서 나왔다고 박씨 성을 붙여 주었어. 세상을 밝게 다스리라는 뜻으로 혁거세라는 이름도 붙여 주고. 박혁거세는 자라서 사로국의 첫 번째 왕이 되어 신라를 세웠단다.

가야의 첫 번째 왕이 된 김수로도 알에서 태어났어. 이 이야기 또한 『삼국유사』에 실려 있지. 옛날에 아홉 촌장이 지금의 낙동강 유역을 왕 없이 다스릴 때였어. 어느 날 북쪽에 있던 구지봉이라는 산에서 이상한 소리가 들렸어.

"하늘이 내게 이곳에 와서 왕이 되라 했으니 너희는 봉우리 꼭대기 흙을 파내면서 '거북아, 거북아, 머리를 내놓아라. 만약에 내놓지 않으면 구워 먹으리.'라고 노래하고 춤추며 나를 맞으라."

이게 무슨 아닌 밤중에 홍두깨야? 그래도 사람들은 즐겁게 노래(「구지가」)를 부르며 춤을 췄어. 이들에게도 왕이 필요했거든. 그랬더니 하늘에서 붉은 보자기에 싸인 금빛 상자가 내려왔어. 그 안에는 6개의 알이 있었는데, 며칠 뒤 알에서는 6명의 사내아이가 태어났지. 그중 가장 먼저 태어난 아이가 김수로야. 그는 자라서 금관가야의 왕이 되었고, 나머지 아이들도 저마다 다섯 가야의 왕이 되었어.

여기서 알 수 있는 사실은? 가야는 한 나라가 아니라 여섯 나라가 모인 연맹 왕국이었다는 것! 그래서 가야 건국 신화에도 여섯 왕이 등장하는 거란다. 가야가 더 발전하고 강력한 국가가 되기 위해서는 여섯으로 나뉜 나라가 하나로 뭉쳐야 했어. 하지만 아쉽게도 그렇게 되기 전에 가야는 멸망하고 말았단다.

 **나라를 세운 사람들은 왜 '알'에서 태어났을까?**

> 동명 성왕, 박혁거세, 김수로의 공통점은? 모두 나라를 세웠다는 것! 그리고 알에서 태어났다는 것! 건국 신화를 보면 나라를 세운 사람들은 대부분 알에서 태어났다고 하는데, 여기에는 이유가 있어. 알은 태양을 상징해. 당시 사람들은 모두 태양을 숭배했지. 그렇다면 알에서 태어난 왕에게 복종하는 것이 당연하지 않겠어? 또 사람들은 새를 하늘과 땅을 잇는 신비한 동물이라고 생각했어. 이런 새가 낳는 것이 바로 알이야. 그러니 알에서 태어난 사람은 다른 사람을 다스릴 만큼 아주 특별했던 거야.

전성기는 백제가 1등

지금까지 삼국의 건국 신화를 살펴보았으니, 이제부터는 현장에서 그 내용을 직접 확인해 보자. 한성백제박물관 제2전시실의 입구 바로 옆에 한문으로 쓰인 책이 한 권 보이지? 이게 바로 오늘날까지 전해져 오는 가장 오래된 우리 역사책 『삼국사기』야. 백제에 대한 기록이 나온 부분을 딱 펴 놓았네. 한글로 번역해 놓은 것을 한번 읽어 볼까?

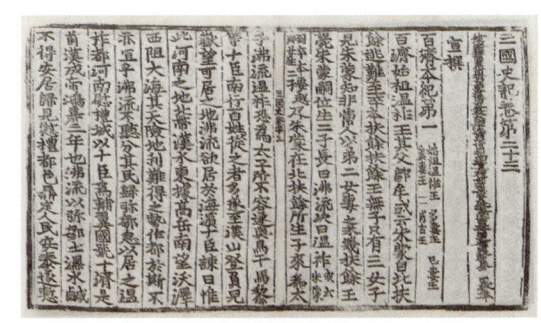

『삼국사기』 제23권, 「백제본기 1」

백제의 시조 온조왕은 (…) 한강 남쪽의 위례성에 도읍을 정하고 (…) 나라 이름을 십제라 하였다. (…) 백성들이 즐겨 따랐다고 하여 나라 이름을 백제로 고쳤다. (『삼국사기』 제23권, 「백제본기 1」)

음, 백제의 첫 이름은 십제였구나. 그러다 세력이 커지면서 백제가 되었군. 그런데 백제는 어디에 자리를 잡았다고?

 백제는 한강 유역을 토대로 발전하였다.

백제는 나라를 세운 시기는 고구려보다 늦었지만, 삼국 가운데 가장 먼저 전성기를 맞이했어. 어떻게 그럴 수 있었느냐고? 바로 이곳 한강 유역에 자리를 잡은 것이 큰 행운이었지. 앞에서도 잠깐

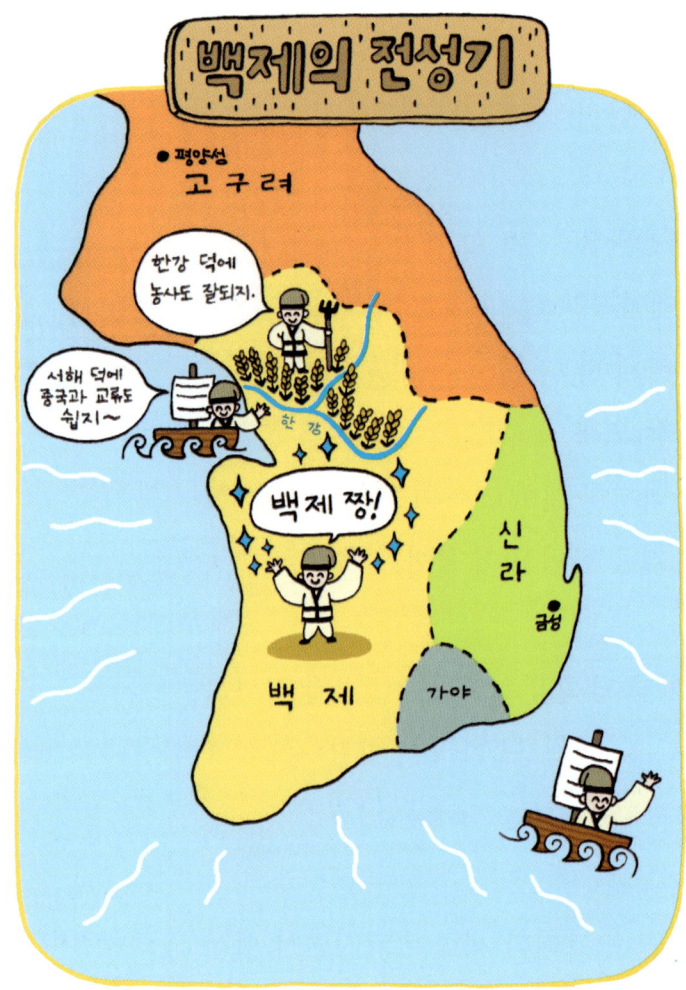

살펴보았듯이 이 지역은 평야가 넓어서 농사짓기에 좋았고, 서해를 통해 중국의 발전된 문물을 쉽게 받아들일 수 있었어. 더구나 예로부터 한강 유역은 교통의 중심지였어. 북쪽으로는 고구려와 연결되었고, 남으로는 가야, 신라와 통했지.

그리하여 백제는 나라 문을 열고 360년쯤이 흐른 4세기 중반 무렵, 근초고왕 때 전성기를 맞이했어. 이때 고구려를 공격해서 지금의 황해도 일대의 땅을 빼앗았지. 그런데 단순히 땅만 차지한 게 아니야. 이 과정에서 고구려의 고국원왕이 목숨을 잃고 말았단다. 이제 백제는 확실히 고구려보다 강한 나라가 된 거야. 나아가 백제는 마한 지역을 완전히 통합했어. 바다 건너 중국, 일본과도 활발히 교류하면서 나라 살림도 좋아지고 문화도 발달했단다. 이 시기 백제 세력이 미치는 범위를 표현한 것이 바로 위에 있는 역사 지도야.

광개토 대왕, 천하를 호령하다!

백제 다음으로 전성기를 맞은 나라는 고구려야. 4세기 말에 그 유명한 광개토 대왕이 등장하거든.

광개토 대왕은 먼저 백제를 공격했어. 백제의 여러 성과 마을을 차지하고 한강 이북을 점령했지. 또 바다 건너 왜(지금의 일본)가 신라를 침략하자 신라를 도와 왜를 물리쳤어. 이후 광개토 대왕은 요동 지역과 만주(중국 동북 지방) 지역까지 진출해 고구려 영토를 크게 넓혔단다. 정말 대단하지? '광개토'라는 이름이 바로 '크게 영토를 넓히다.'라는 뜻이래.

한성백제박물관 제3전시실에 이러한 내용을 증명하는 유물이 있단다. 경주 호우총이라는 신라 무덤에서 발견된 청동 그릇이야. 복제품인 것이 좀 아쉽다면 국립중앙박물관에 가서 진품을 찾아보렴. 아무튼 그릇 바닥에 새겨진 한자 가운데 '광개토(廣開土)'라는 글자가 보이니? 이건 광개토 대왕릉비와 같은 글자체라고 해. 신라

▲ 광개토 대왕릉비의 탁본

▲ 호우총에서 나온 청동 그릇

글씨 모양이 비슷한지 잘 살펴봐 봐.

무덤에서 고구려 왕의 이름을 새긴 유물이 나오다니, 당시 고구려의 영향력이 얼마나 대단했는지 짐작할 수 있겠지?

그런데 광개토 대왕의 업적은 어느 날 갑자기 이루어진 것이 아니야. 그 전부터 고구려가 차근차근 기초를 다졌기 때문에 가능했지. 우선 동명 성왕의 뒤를 이은 유리왕은 도읍을 졸본에서 국내성(오늘날 중국의 지안 지역)으로 옮기고 주위의 작은 나라들을 정복하면서 세력을 키워 나갔어. 십제가 힘을 키워 백제가 되었듯이 말이야. 그리고 미천왕 때 낙랑군(고조선 멸망 후 중국 한나라가 한반도에 설치한 한사군 중의 하나)을 몰아내면서 고구려는 확실히 자리를 잡게 되었단다. 소수림왕 때에는 불교를 받아들이고(372년), 율령을 반포(373년)하면서 나라 힘을 더욱 키웠고.

율령은 지금의 법률이라고 보면 돼. 법률을 정하고 법에 따라 나라를 다스리는 것은 그만큼 나라가 안정되고 발전했다는 뜻이야.

그렇다면 불교는 어떻게 해서 나라의 힘을 강하게 만드는 데 도움이 된 걸까? 불교가 들어오기 전까지는 지역마다 다른 신을 믿었어. 믿는 신들이 제각각이니 나라가 하나로 통합되기 힘들었지. 그런데 국가가 불교를 받아들이자 백성들도 믿게 되면서 나라 전체가 하나가 된 거야. 그러니 나라의 힘이 더욱 세질 수밖에. 이렇게 기른 힘을 바탕으로 광개토 대왕은 영토를 넓힐 수 있었던 거지.

 고구려는 한강 유역을 차지하여 한반도 남부 지방까지 세력을 확장하였다.

광개토 대왕의 뒤를 이은 장수왕은 아버지의 전성기를 이어 갔어. 다만 북쪽 지역을 주로 공격했던 아버지와 달리 남쪽에 더 신경을 썼지. 그래서 수도를 남쪽인 평양성으로 옮기고 한강 남쪽 지역까지 차지하면서 영토를 더욱 넓혔어. 충청북도 충주에는 그 당시에 세운 충주 고구려비가 지금까지 남아 있단다.

 **한나라가 설치한 4개의 행정 구역 '한사군'**

고조선을 멸망시킨 중국 한나라는 고조선 지역에 4개의 행정 구역인 '한사군'을 설치했어. 낙랑, 진번, 임둔, 현도가 그것들이지. 하지만 고조선 유민들은 한사군을 받아들일 수 없었어. 강하게 저항했지. 결국 진번과 임둔은 이내 없어지고, 현도는 서쪽으로 쫓겨났어. 그리고 마지막 남은 낙랑이 고구려에 의해 멸망한단다.

꼴등 신라, 삼국 통일을 꿈꾸다

장수왕의 손자인 문자 명왕이 고구려를 이끌 무렵, 신라는 지증왕이 나라를 다스리고 있었어. 신라는 여전히 나라의 힘과 규모가 삼국 가운데 꼴등을 달리고 있었지. 다른 나라들은 오래전부터 강력한 왕을 중심으로 나라 힘을 키웠는데, 신라는 아직 나라 꼴도 제대로 못 갖추고 있었던 거야. 지증왕은 고민에 빠졌어.

'어떻게 하면 신라를 발전시킬 수 있을까?'

지증왕은 자신의 호칭부터 마립간에서 왕으로 바꿨어. 사실 그때까지 신라의 임금은 왕 대신 마립간이란 이름으로 불렸거든. 그러고는 영토를 넓히는 데 힘썼어. 하지만 아직은 고구려나 백제를 넘볼 힘은 없었어. 그래서 선택한 곳이 울릉도! 덕분에 「독도는 우리 땅」이라는 노래에 지증왕이 등장하게 된 거야. 지증왕의 뒤를 이은 법흥왕은 율령

을 반포하고(520년), 불교를 받아들였어(527년). 고구려의 소수림왕과 같은 일을 그보다 150년쯤 뒤에 한 거지.

법흥왕의 뒤를 이은 진흥왕은 '화랑도'를 통해 훌륭한 인재를 길러 내서 나라의 힘을 키웠어. 화랑도는 왕족이나 귀족이 중심이 되어 이루어진 청소년 수련 조직인데, 전국을 다니면서 몸과 마음을 닦았지. 화랑은 전쟁에 나가 목숨 걸고 싸웠어. 어린 귀족이 앞장서서 싸우니 병사들의 사기가 높아질 수밖에. 많은 화랑들은 뛰어난 장군이 되기도 했단다. 대표적인 인물이 뒷날 삼국 통일의 일등 공신이 되는 김유신이지.

한편 진흥왕은 백제와 손을 잡고 고구려를 공격했어. 결과는 대성공! 신라와 백제는 약속에 따라 한강 유역의 땅을 나누어 가졌어. 그런데 진흥왕은 여기서 만족하지 않았어. 얼마 뒤에 백제를 공격해서 한강 유역을 독차지해 버린 거야. 백제로서는 여간 분한 일이 아니었지. 그래서 백제의 성왕이 직접 군사를 이끌고 신라를 공격했어. 결과는 백제의 참패. 이 싸움에서 성왕은 신라군에게 죽고 말았어.

더욱 사기가 오른 신라는 고구려와 백제의 땅을 점령하고, 여섯 가야 중 유일하게 남아 있던 대가야마저 정복했어. 이 대가야를 마지막으로 가야는 우리 역사에서 사라지게 되었지. 이제 신라는 한강 유역뿐 아니라 북쪽으로는 지금의 함경도, 서

진흥왕의 업적을 기념하여 세운
'북한산 신라 진흥왕 순수비'

쪽으로는 충청도에 이르는 영토를 차지한 거야. 꼴등 신라의 전성 시대가 시작된 거지.

📖 한강 유역을 차지한 신라는 서해를 통해 중국과 직접 교역할 수 있게 되었고, 늘어난 영토와 경제력을 바탕으로 고구려, 백제와의 경쟁에서 유리한 위치를 차지하였다.

국립중앙박물관 신라실에 신라의 전성기를 알려 주는 결정적인 유물이 있어. 바로 '북한산 신라 진흥왕 순수비'야. 순수비란 왕이 자기 땅을 다니면서 세운 비석을 말해. 진흥왕은 넓어진 신라 땅 구석구석을 다니며 순수비를 세웠어. 북한산 신라 진흥왕 순수비는 북한산 비봉 꼭대기에 있었는데 국립중앙박물관으로 옮겨 왔단다. 상상해 봐. 북한산 꼭대기에서 한강 유역을 바라보며 흐뭇한 미소를 짓는 진흥왕의 모습을.

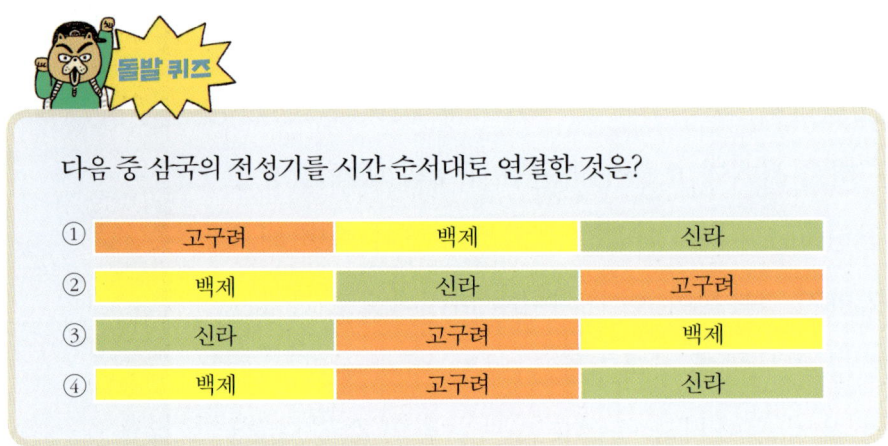

돌발 퀴즈

다음 중 삼국의 전성기를 시간 순서대로 연결한 것은?

①	고구려	백제	신라
②	백제	신라	고구려
③	신라	고구려	백제
④	백제	고구려	신라

정답 | ④번. 가장 늦게 전성기를 맞은 신라가 나중에 삼국 통일에 성공해.

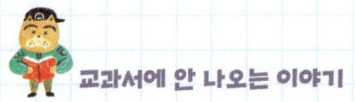 교과서에 안 나오는 이야기

연표로 보는 삼국의 영웅들

1. 백제의 전성기 | 근초고왕(?~375년)

- **346년** 백제 제13대 왕으로 즉위했어.
- **369년** 마한을 정복해 지금의 전라도 지역을 차지했고, 가야에까지 영향력을 미쳤어.
- **371년** 왕자와 함께 고구려의 평양성을 공격했어. 이때 고구려의 고국원왕이 전사했지. 이후 백제의 영토를 지금의 경기도와 충청도, 강원도와 황해도까지 넓혔단다. 또 중국에 사신을 파견했어.
- **372년** 중국에 사신을 파견했어. 서해를 통해 중국과 교류하면서 그들의 앞선 문물을 받아들여 백제의 전성기를 이끌었지.

백제가 최고야~

2. 고구려의 전성기 | 광개토 대왕(374~413년)

- **391년** 고구려 제19대 왕이 되었어.
- **396년** 백제를 공격해서 수십 개의 성을 빼앗고, 백제 왕에게 항복을 받아 냈어.
- **400년** 신라가 왜의 침략을 받고 도움을 요청하자, 5만 명의 고구려 군사를 보내서 왜의 군사들을 물리쳤어. 이때부터 신라는 고구려의 보호국이 돼.
- **410년** 해부루가 부여에서 나와 세운 나라인 동부여를 정복해서 영토를 넓혔어.
- **413년** 40세의 나이로 세상을 떠났어. 아들인 장수왕이 고구려의 전성기를 이어 갔단다.

3. 신라의 전성기 | 진흥왕(534~576년)

- **540년** 7세에 신라 제24대 왕이 되었어.
- **548년** 고구려의 공격을 받은 백제에 군대를 보내서 고구려군을 물리쳤어. 이때 신라와 백제는 동맹을 맺고 있었거든.
- **551년** 백제와 손을 잡고 고구려를 공격해 한강 유역을 빼앗은 후, 백제와 땅을 나누었어.
- **553년** 백제가 차지한 한강 유역을 점령해 이 지역을 독차지했어. 이후 신라의 영토는 지금의 황해도까지 이르게 되었단다.
- **554년** 백제가 보복 공격을 해 오자 이를 크게 격파했어. 이때 백제의 성왕이 전사했지.
- **562년** 대가야를 공격해서 멸망시켰어. 이로써 가야는 한반도 역사에서 사라지고 말아.

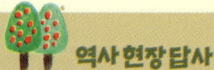 역사 현장 탐사

한성의 역사, 몽촌토성과 풍납토성 그리고 한성백제박물관

풍납토성

노란색 띠로 표시한 게 풍납토성의 성벽 둘레야.

풍납토성에서 나온 청동 자루솥

서울 하면 대부분의 친구들은 '조선 왕조 500년의 수도'라고 알고 있을 거야. 하지만 그보다 훨씬 전, 지금으로부터 약 2,000년 전에 서울은 이미 백제의 수도였어. 현재 올림픽공원 안에는 당시 백제가 쌓았던 몽촌토성이, 조금 떨어진 곳에는 풍납토성이 있거든. 그리고 몽촌토성 옆에는 백제 수도인 한성의 역사를 보여 주는 한성백제박물관이 있어. 2012년 4월에 문을 연 한성백제박물관에서는 삼국 시대 서울(한성)에 대한 방대한 유물을 최신 시설의 전시관에서 볼 수 있어. 단순히 옛날 유물을 전시하는 것을 넘어서 다양한 방법을 통해 역사를 더욱 실감 나게 보여 준단다. '순간 포착! 백제 마을' '그림 속 백제 사신' 등 다채롭게 꾸민 전시가 눈길을 끄네. 그림과 영상, 모형 등을 적절히 배치한 것도 재미를 더하고.

몽촌토성

박물관 입구를 지나 로비에 들어서면 당시 풍납토성을 쌓던 모습을 실물 크기로 재현해 놓았어. 높은 토성 위에 군사가 경계를 서고, 아래쪽에는 백성들이 흙을 다져 나무틀 속에 집어넣고 있어. 이런 식으로 쌓은 토성이 2,000년 가까이 남아 있는 거지.

제1전시실에서는 한강에 터를 잡고 산 선사 시대 사람들의 모습을 볼 수 있어. 일찍부터 사람들이 한강 유역에 자리 잡은 이유는 먹을 것이 풍부하고 농사가 잘되었기 때문이야.

백제의 건국부터 전성기까지를 보여 주는 제2전시실에서 가장 눈길을 끄는 유물은 금동 관모야. 신라 금관이 유명하지만 백제의 금동 관모 또한 그에 못지않게 아름다워. 이 밖에도 금동 신발이나 금팔찌, 금귀고리 등 백제의 금은 세공 기술을 보여 주는 작품들이 참 많아.

백제 금동 관모(복제품)

제3전시실은 삼국이 한강 유역을 놓고 치열하게 경쟁을 벌이던 시기의 유물을 전시해 놓았어. 덕분에 백제뿐 아니라 신라와 고구려의 유물들도 볼 수 있지.

박물관에서 유물을 통해 당시 역사를 충분히 살펴보았다면 몽촌토성을 거닐며 역사적 상상력을 펼쳐 보는 것은 어떨까? 그러고 나서 발걸음을 올림픽 공원 전체로 이어 간다면 역사 기행 겸 하루 나들이 코스로도 손색없단다.

:: 알아 두기 ::

가는 길 지하철 8호선 몽촌토성역 1번 출구에서 걸으면 5분 만에 도착!

관람 소요 시간 약 1시간(몽촌토성을 둘러보는 데 30분 소요).

휴관일 매주 월요일, 1월 1일.

추천 코스 한성백제박물관 로비에서 풍납토성을 쌓는 모습을 살펴보고 제1전시실부터 제3전시실까지 차례로 둘러본 뒤, 박물관 앞에 있는 몽촌토성을 산책해 보자.

7교시

불교, 국력을 키우고 예술을 꽃피우다

> 고구려, 백제, 신라, 삼국은 앞다퉈 불교를 들여와 왕권을 강화했어. 한반도에
> 들어온 불교는 예술을 꽃피우고 사람들의 일상생활에까지 영향을 끼쳤단다.
> 이번 시간에는 삼국이 불교를 받아들이는 과정과 그 결과에 대해서
> 좀 더 자세히 살펴보자.

오늘은 좀 멀리 왔어. 신라의 수도 경주, 그중에서도 남산으로 왔지. 경주에도 남산이 있느냐고? 그럼! 서울에만 남산이 있는 건 아니야. 남녘 남(南), 뫼 산(山). '남산'이란 말 그대로 남쪽에 있는 산인걸. 우리나라엔 남산이 여러 군데 있어.

경주 남산은 아주 특별한 곳이란다. 이곳은 '골짜기마다 절이요, 봉우리마다 탑이요, 바위마다 부처님을 모신 곳'이거든. 무슨 말이냐고? 골짜기에서 발견된 절터만 147곳, 바위에 자리를 잡은 불상이 118개, 봉우리에 둥지를 튼 탑이 96개나 되거든! 그러니 경주 남산이야말로 삼국 시대의 불교를 살펴보기에 가장 좋은 장소란다.

이 대단하고 특별한 경주 남산을 둘러보기 전에 삼국 시대 불교에 대해 대략 먼저 살펴보자꾸나.

'왕이 곧 부처'인 까닭

 고구려, 백제, 신라 세 나라는 넓어진 영토와 백성을 다스리기 위해 여러 제도를 만들면서 왕권을 강화하려고 애썼다. 이 무렵 중국에서 불교가 전해졌다.

이때 삼국에 전래된 불교에는 '왕이 곧 부처'라는 생각이 들어 있었어. '왕이 곧 부처'라는 말을 이해하려면 아무래도 먼저 불교에 대해서 알아보는 게 좋겠지?

불교는 지금으로부터 약 2,500여 년 전에 인도의 한 작은 왕국의 왕자였던 석가모니가 깨달음을 얻어 부처가 되면서 생겨난 종교야. 무얼 깨달았느냐고? 한마디로 인생의 진리라고 할 수 있지. 그런데 이 진리를 깨닫기 위해서는 수행을 해야 해. 바르게 보고, 바르게 생각하고, 바르게 말하고, 바르게 행동하고, 바르게 생활하는 것 등이 수행이지.

언뜻 쉬워 보이지만 실천하기는 참 어려워. 그래도 누구나 노력하면 깨달음을 얻을 수 있어. 깨달음을 얻은 사람은 모두 부처가 되는 것이고. 그러니 '왕이 곧 부처'라는 생각은 처음 불교의 가르침과는 다른 거야.

'왕이 곧 부처'라는 생각은 불교가 생기고 한참 뒤, 불교가 인도의 국교(국가 종교)가 되면서 생겨났단다. 그리고 불교가 중국으로 전해지면서 이런 생각은 왕권을 강화하는 데 이용되었지. 백성들이 왕을 부처와 같이 섬기도록 하는 데 불교가 큰 역할을 한 거야. 왕이 곧 부처라는 주장은 단군이 하늘 신의 자손이고, 이집트 파라오가 태양신의 아들이라는 주장과 같은 이유에서 나온 거야.

이렇게 되자 다른 왕들도 앞다퉈 불교를 받아들이기 시작했단다. 불교를 국교로 삼으면 왕권이 강화되니까. 그래서 중국의 여러 나라들도 불교를 받아들였고, 삼국의 왕들도 적극적으로 불교를 수용한 거야.

삼국 가운데 처음으로 고구려가 소수림왕 때 중국을 통해 불교를 받아들였어(372년). 곧이어 백제 침류왕도 불교를 수용했지(384년). 그런데 신라가 불교를 공인한 것은 그로부터 140여 년이 지나 법흥왕 때에 이르러서야(527년).

남산에서 목 없는 불상을 만나다

자, 이제 남산에 올라 볼까? 경주 남산을 오르는 여러 코스 중에서 오늘은 삼릉에서 출발해 금오봉 정상까지 이르는 '삼릉 코스'로 갈 거야. 삼릉은 신라의 왕릉 3개가 나란히 있는 곳이야. 구불구불 제멋대로 자란 소나무가 유명한 곳이기도 하지.

삼릉의 소나무들은 구불구불해. 그 이유는 신라 사람들이 곧은 소나무를 몽땅 베어다 집을 지었기 때문이라고 전해진단다.

삼릉과 소나무

목 없는 불상

삼릉에서 500미터쯤 올라가다 보니 불상이 하나 나오는군. 보통 사람보다 훨씬 더 큰 부처님이 단정히 앉아 계신데, 이런, 부처님 머리가 없네? 가만, 머리 없는 불상을 보니 국립경주박물관에 있는 이차돈 순교비가 갑자기 떠올라. 그 비석에 새겨진 이차돈의 모습도 목이 없거든. 그런데 이차돈이 누구냐고? 이차돈은 신라가 불교를 받아들이도록 하는 데 자기 목숨까지 바친 사람이야.

신라 법흥왕 시절, 이 무렵 고구려와 백제는 이미 불교를 받아들인 상태였어. 그런데 신라는 귀족들의 반대 때문에 그럴 수가 없었지. 그때 이차돈이 법흥왕을 찾아와 말했어.

"제가 임금님과 불교를 위해 이 한 목숨을 바치겠습니다."

다음 날부터 이차돈은 귀족들이 성스럽게 여기는 산에서 나무를 베어다가 절을 짓기 시작했어. 당연히 귀족들은 이차돈을 죽이라고 아우성쳤어. 왕은 결국 귀족들의 뜻에 못 이겨 이차돈을 처형할 수밖에 없었지. 이차돈은 죽기 직전에 이런 말을 남겼어.

"내가 죽은 뒤 아주 기이한 일이 일어날 것이다."

이차돈이 처형되는 순간, 그의 목에서는 흰 피가 솟구치고 하늘에서는 꽃비가 내렸단다. 이토록 신기한 광경을 지켜본 사람들은 불교를 믿을 수밖에 없었어. 그리하여 결국 신라의 귀족들도 불교를 받아들이게 되었다는구나.

이차돈 순교의 숨은 진실

어때? 마치 단군 신화를 읽는 기분이 들지 않니? 이차돈의 순교 이야기에도 사실과 꾸며 낸 이야기가 뒤섞여 있어.

신라 법흥왕이 불교를 공식적으로 인정한 건 사실이야. 귀족들의 반대가 심했던 것도 사실이고. 이차돈이 목숨을 바쳐서 불교 공인의 밑거름이 된 것도 사실이지. 물론 그 과정에서 흰 피가 솟구치고 하늘에서 꽃비가 내렸다는 건 믿기 어렵지만 말이야. 중요한 것은

이차돈 순교비

이 사건으로 인해 신라에도 불교가 들어오게 되었다는 점이야. 또 그 과정에서 왕은 불교를 공인하려고 노력했고, 귀족들은 반발했다는 것도 중요한 대목이지. 그렇다면 왜 신라 귀족들은 불교를 받아들이는 걸 못마땅하게 여겼을까?

먼저 생각해야 할 것은 새로운 것이 들어올 때는 원래 있던 것과 충돌하기 마련이라는 사실이야. 종교도 마찬가지지. 기독교의 창시자인 예수는 기존 종교 지도자들과의 갈등으로 인해 십자가에 못 박혀 죽었어. 이슬람교를 창시한 무함마드는 기존 종교를 믿는 사람들에게 죽을 뻔했고 말이야. 그러니 불교가 처음 삼국으로 전래될 때에도 그런 어려움이 있었을 거야. 고구려와 백제의 귀족들이나 백성들도 처음 불교를 받아들일 때 신라보다는 덜했을지 모르지만 아마도 반발하지 않았을까? 지금까지 전해지는 역사 기록이 신라와 관련한 게 많아서 우리는 당시 신라의 상황을 좀 더 자세

히 알 수 있는 것이고.

　아무튼 귀족들이 불교를 반대한 이유는 왕이 불교를 좋아한 이유를 생각해 보면 짐작할 수 있어. 아까 불교를 국교로 삼으면서 백성들의 마음이 하나로 묶이고 왕권이 강화되었다고 말했지? '왕이 곧 부처'니까 말이야. 왕의 힘이 강해지면 귀족들의 힘은 약해질 수밖에 없어. 그러니 귀족들은 불교가 공인되는 것을 반대한 것이지.

　하지만 삼국 시대 귀족들도 시대의 흐름을 막진 못했어. 불교는 당시 다른 어떤 종교보다 뛰어나고 앞선 종교였거든. 이전의 원시 사회 종교들은 더 이상 사람들의 마음을 얻기 힘들었어. 사회가 커지고 지식이 발달하면서 사람들의 마음을 하나로 묶어 줄 수 있는 종교가 필요했어. 그렇게 하지 않으면 사회가 이리저리 갈리고 불안해질 테니까. 또한 누구나 노력하면 부처가 될 수 있다고 하니 누구나 받아들이기 쉬웠지. 게다가 왕실이 불교를 받아들이는 데 적극적으로 나서자 불교는 삼국 모두의 국교가 되었어. 물론 이렇게 되기까지 이차돈의 순교처럼 극적인 사건이 필요했지만 말이야.

불교가 들어오니 문화가 따라오다

　그럼 다시 남산 길을 떠나 볼까? 머리 없는 불상을 지나 위로 오르면 경주 남산의 보물들이 줄줄이 나와. 우선 눈에 띄는 것은 넓은 바위에 가느다란 선으로 새겨진 부처님 '선각육존불'의 모습. 선각육존불이라는 어려운 이름은 '선으로 새겨 넣은 여섯 부처님'이라

경주 남산의 불상들

삼릉계곡 선각육존불 좌우 바위 벽에 각각 3명, 모두 6명의 부처님이 새겨져 있다. 사진은 왼쪽 벽의 모습이다.

삼릉계곡 선각여래좌상 높이 10미터가량 되는 바위에 앉아 있는 부처님의 모습. 몸은 선으로 새기고 얼굴만 도드라지게 조각되었다.

보물들이 줄줄이~ 줄줄이~

삼릉계곡 석조여래좌상 부처님이 앉아 있는 모습을 화강암으로 조각했다.

삼릉계곡 마애석가여래좌상 거대한 자연 바위 벽에 새겨진 것으로, 높이가 6미터에 이른다.

는 뜻이야. 그다음에는 푸근한 동네 아저씨 모습을 한 선각여래좌상이 나오고, 화강암으로 만든 석조여래좌상, 6미터 높이의 거대한 마애석가여래좌상 등이 이어지지.

불상의 이름은 마치 암호 같지만, 원리를 알고 나면 그리 어렵지 않아. 예를 들면 남산의 불상 이름에 자주 나오는 '마애'란 바위 벽에 새겼다는 뜻이야. '여래'는 석가모니의 이름, '좌상'은 앉아 있는 모습이라는 뜻이지. 그렇다면 석조여래좌상은? '돌로 만든 부처님이 앉아 있는 조각상'이라는 뜻.

마애석가여래좌상 아래에는 '상선암'이라는 작은 절이 있어. 원래 이 자리에는 신라 시대부터 절이 있었는데, 지금 있는 상선암은 90여 년 전에 새로 지어진 절이라고 해. 골짜기 중간에 자리 잡은 절답게 아담한 모습이야. 여기서 계속 위로 올라 금오봉 정상을 넘으면 '용장사곡 삼층석탑'이 나와. 이름 그대로 옛날 용장사라는 절이 있던 자리에 남아 있는 삼층석탑이지. 이곳에 서니 발아래로 굽이굽이 남산 골짜기가 한눈에 보이네. 아, 시원하다! 여기서 잠시 땀을 식히면서 탑의 유래에 대해 알아볼까?

탑의 원래 이름은 '스투파'야. 스투파는 원래 부처님의 사리를 모시기 위해 고대 인도에서 처음 만들기 시작했대. 사리가 뭐냐고? 사리란 부처님의 유골을 말해. 요새는 덕망이 높은 스님이 죽은 뒤 화장을 하면 나오는 구슬 같은 결정체도 사리라고 하지만 말이야. 그러니까 부처님이 돌아가시자 그 유골을 모시고 기념하기 위해 만든 것이 탑이지. 불교에서 탑은 불상과 마찬가지로 신앙의 대상이야. 물론 지금 남아 있는 대다수의 탑에는 부처님의 사리가 없지만 말이야.

처음에 탑은 둥근 모양의 소박한 형태였는데, 시간이 지날수록

용장사곡 삼층석탑

더 세련되고 아름다운 모습을 갖추게 되었어. 용장사곡 삼층석탑을 다시 한 번 볼까? 군더더기 없이 깔끔한 탑 자체도 아름답지만, 주변 자연과 조화를 이룬 것이 한 폭의 그림 같구나. 역시 경주 남산의 빼어난 보물로 손꼽을 만하네.

이처럼 탑, 절, 불상 등이 불교와 함께 삼국에 들어오면서 사람들은 다른 나라의 문화를 자연스럽게 받아들이게 되었어. 그리고 이것이 삼국의 고유한 문화와 어우러져 한층 수준 높은 예술과 문화를 이루게 되었단다.

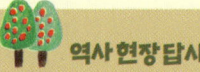# 역사 현장 답사

신라 역사와 신앙의 중심, 경주 남산

칠불암 마애불상군

남산은 경주를 찾는 관광객들이 많이 가는 곳은 아니야. 하지만 경주를 잘 아는 사람이라면 주저 없이 경주 최고의 역사 유적으로 남산을 꼽는단다. 남산은 산 전체가 역사 문화 유적으로 가득하거든. 그뿐만 아니라 이런 유물과 유적이 남산의 아름다운 자연과 아주 조화롭게 어울린다는 것도 장점이지. 남산 바위에 새겨진 부처님들은 가끔 산에서 보게 되는 눈살 찌푸리게 만드는 낙서들과 전혀 달라. 처음부터 그곳에 있었던 듯 주변 환경과 완벽한 조화를 이루고 있어.

자연과 역사의 조화가 아름다운 남산은 요즘 유행하는 트레킹 코스로도 좋아. 동네 뒷산에 올라가듯이 쉬엄쉬엄 걸어가다 보면 여기저기서 멋진 불상들을 만나고, 시원한 바람을 맞게 된단다. 높거나 험하진 않지만 남산도 산이야. 반드시 등산화나 트레킹 신발을 신어야 하고, 물과 간식, 땀을 잘 흡수하는 운동 수건 같은 것을 챙기는 것이 좋아.

아까 소개한 '삼릉(삼릉계곡) 코스' 말고도 남산을 오르는 길은 여럿이야. 어느 코스든지 무리하지 않고 쉬엄쉬엄 오르면 큰 부담이 없어. 그 대신 하루 만에 모든 코스를 다 가 보겠다는 생각은 버려야 해. 천천히 가다가 이 정도면 충분하다 싶으면 내려오도록!

가족끼리 오르는 것도 좋지만 전문가의 도움을 받으면 더욱 좋단다. 남산을 사랑하는 사람들이 모여 만든 경주남산연구소(kjnamsan.org)에서는 다양한 남산 답사 프로그램을 운영 중이거든. 홈페이지에서 코스를 확인하고 신청하면 더욱 알찬 여행이 될 거야.

:: 알아 두기 ::

가는 길 경주 시내에서 내남행 버스를 타고 삼릉(삼불사) 앞에서 내리면 돼.

관람 소요 시간 약 6시간.

휴관일 연중무휴.

추천 코스 삼릉에서 출발해 목 없는 불상과 선각육존불, 마애석가여래좌상, 상선암, 용장사곡 삼층석탑 등을 본 후 내려오면 돼. 무리하지 말고 쉬엄쉬엄 둘러봐.

8교시
따로 또 같이, 삼국의 문화

국립중앙박물관 고구려실·백제실·신라실·가야실

고구려 연꽃무늬 기와

백제 연꽃무늬 기와

신라 연꽃무늬 기와

가야 집 모양 토기

> 불교를 받아들인 뒤 삼국의 문화는 빠르게 발전하기 시작했어. 지난 시간에 이야기했듯이 당시에 불교를 받아들인다는 건 다른 나라의 새로운 문화를 받아들인다는 걸 뜻했거든. 물론 이것은 그때까지 삼국 모두 자신의 고유한 문화를 잘 발전시켜 왔기 때문에 가능한 일이었지.

여기는 어디? 우리 역사의 보물들이 미로처럼 숨어 있는 곳, 국립중앙박물관! 아마 우리 수업이 끝날 때까지 이곳에 더 오게 될 거야.

오늘은 간단한 질문부터 할게. 문화란 무엇일까? '삼국의 문화를 알아보자.' 할 때 바로 그 문화 말이야. 문화는 우리가 일상생활에서 많이 쓰는 말이지만, 막상 정확한 뜻을 생각해 보니 좀 알쏭달쏭하지? 그냥 쉽게 생각해 봐.

지난 시간에 본 불상이나 탑 같은 것 아니냐고? 맞아, 그것도 문화의 한 부분이야. 하지만 그게 전부는 아니지. 사람들의 생활 모습? 오호, 이건 좀 더 훌륭한 대답이군. 그런데 살짝 부족한걸? 더 멋진 대답을 해 줄 친구는 없니? 음, 그럼 같이 사전을 찾아볼까? 보통 사전은 어려우니까 어린이용 사전에서 한번 찾아보자.

문화(文化)

1. 사람이 사회를 이루어 살면서 오랜 세월에 걸쳐 쌓아 온 풍부한 생활 바탕. 언어, 종교, 예술, 풍습, 과학, 기술 들을 두루 이른다.
2. 문학, 음악, 미술, 연극, 영화 같은 예술에 관련된 활동과 분야를 두루 이르는 말.

(『보리 국어사전』, 보리 2014)

이제 좀 정리가 되지? '문화생활을 누린다.'고 할 때의 문화는 2번의 뜻이고, '삼국의 문화'라고 할 때는 1번 뜻이겠네.

그럼 본격적으로 수업을 시작해 볼까? 오늘은 삼국의 문화, 그러니까 삼국이 나라를 이루고 오랜 세월에 걸쳐 쌓아 온 풍부한 생활 바탕에 대해 알아볼 거야.

호쾌, 상쾌, 통쾌한 고구려 문화

 고구려는 진취적인 기상을 바탕으로 강인하고 힘찬 문화를 발전시켰다.

고구려는 험한 자연환경을 극복하며 성장한 나라야. 고구려가 자리 잡은 한반도 북부는 산이 험하고 평야가 적었어. 그러니 농사를

짓기 힘들어 자연히 먹고살기가 어려웠지. 이런 환경에서 살아남으려면 아무래도 강인하고 힘찬 문화를 발전시킬 수밖에 없었을 거야. 어떤 모습일지 국립중앙박물관 고구려실의 유물들을 직접 확인해 볼까?

고구려실 입구 옆쪽으로 흙으로 구운 대접 같은 것이 보이니? 뭔가 무시무시한 얼굴이 새겨진 것 말이야. 안내판을 보니 '짐승 얼굴 무늬 수막새'라고 쓰여 있구나. 수막새라는 건 기와지붕 끝에 붙이는 마감재 기와야. 아마도 집 안으로 들어오는 나쁜 기운을 막기 위해 이런 무서운 얼굴을 새겨 넣었겠지.

짐승 얼굴 무늬 수막새 옆에는 말을 탄 사람

> 짐승 얼굴이야, 도깨비 얼굴이야?

짐승 얼굴 무늬 수막새

이 그려진 벽화 조각이 있어. 깃털 달린 모자를 쓰고 활을 멘 고구려 사나이가 말을 타고 가는 모습이지. 어디서 많이 본 것 같지? 그래. 1교시에 본 고구려 고분 벽화 「수렵도」에 나오는 사냥하는 사람들의 모습이 이랬어. 험한 산속을 누비며 사냥을 하는 게 고구려 남자의 상징이었던 거지.

하지만 이렇게 강인하고 힘찬 기상만이 고구려 문화의 전부는 아니야. 벽화 조각 옆에 있는 금동 장식을 보자고. 사방이 불타오르는 듯 화려한 장식 안에 태양을 상징하는 삼족오(다리가 3개인 까마귀)가

말 탄 사람이 그려진 벽화 조각

해 뚫음 무늬 금동 장식

새겨져 있네. 신라 금관과 비교해도 결코 뒤지지 않을 만큼 화려하고 섬세한 장식이야. 그러면서도 흘러가는 구름 모양에서는 역동적인 힘이 느껴지는구나.

섬세하고 아름다운 백제 문화

고구려실은 백제실로 바로 이어져. 백제의 유물들을 살펴보기 전에 잠깐!

 백제는 경제적인 풍요를 바탕으로 중국의 문물을 받아들이며 예술적 솜씨가 돋보이는 문화를 발전시켰다.

경제적인 풍요라니, 고구려와는 정반대네. 지금도 한반도에서 곡식이 가장 많이 나는 호남평야가 바로 백제 땅이었거든. 당연히 먹을 것이 넉넉했지. 또한 서해를 통해 중국과 쉽게 오갈 수 있으니 당시 우리보다 앞선 문화를 누리던 중국의 문물을 받아들이기 쉬웠어.

국립중앙박물관 백제실 한가운데에는 섬세하고 아름다운 예술적 솜씨가 단연 돋보이는 유물이 있어. 바로 백제 금동대향로. 발견된 지 20년 정도밖에 안 되었지만 단박에 백제 예술을 대표하는 작품으로 떠올랐지. 가까이 가서 찬찬히 살펴볼까?

향로란 향나무 같은 재료를 넣고 태워서 향을 피우는 화로란다.

섬세하고 아름다운
백제 예술의 대표 선수야.
난 국립부여박물관에
있는 진품.

60센티미터 남짓한 높이의 백제 금동대향로는 크게 받침, 몸체, 뚜껑 부분으로 이루어져 있어. 무지무지 정교한 문양들이 바닥부터 뚜껑 꼭대기까지 빈틈없이 새겨진 것이 눈에 띄네. 받침은 바다에서 하늘로 솟아오르는 용의 모습이야. 이 용이 입으로 받치고 있는 연꽃 모양의 향로 몸체에는 꽃잎 하나하나마다 신비로운 동물들이 새겨져 있지. 날개가 달린 사자, 춤추는 학, 타조를 닮은 새, 하늘을 날아오르는 잉어……. 어느 것 하나 허투루 표현한 게 없지.

꽃잎을 산봉우리처럼 묘사한 향로 뚜껑은 더욱 정교하고 아름다워. 여기에는 훨씬 더 많은 캐릭터들이 자리 잡고 있어. 사람 얼굴을 한 새, 투구를 쓰고 말을 탄 사람, 비파 같은 악기를 연주하는 사람, 수달 얼굴의 호랑이……. 줄잡아 수십 개가 넘는 신비한 인물과 동물이 향로 뚜껑을 장식하고 있군. 너무 작아서 잘 안 보인다고? 그렇다면 뒤쪽 벽에 커다란 그림과 함께 친절히 설명해 놓은 안내판을 보도록!

백제 금동대향로와 함께 백제 문

백제 금동대향로

화를 대표하는 것은 무령왕릉이야. 벽돌로 만든 아치형 왕릉 내부의 모습도 아름답지만, 무령왕릉에서는 국보급 유물만 17개가 쏟아져 나왔거든. 아쉽지만 이건 공주에 직접 가서 봐야 해. 무령왕릉 이야기는 이따 '역사 현장 답사'에서 좀 더 자세히 해 줄게.

다시 백제실에서 '연꽃 도깨비 무늬 벽돌'을 찾아볼까? 이건 백제 사람들이 만든 장식용 벽돌인데, 고구려실에 있는 '짐승 얼굴 무늬 수막새'보다 훨씬 더 무섭게 생긴 것 같지 않니? 도깨비 얼굴에 매서운 발톱까지. 재미있게도 연꽃이 두 발을 빙 둘러싸고 있네. 고구려와 백제의 기와는 비슷하면서도 다르지?

연꽃 도깨비 무늬 벽돌

모방 속에 창조를 이룬 신라 문화

이번에는 신라. 신라는 고구려와 백제 문화의 영향을 받으며 자신만의 문화를 만들어 냈어.

지난번에 삼국이 생겨나 발전하는 과정을 설명하면서 신라의 전성기가 가장 늦게 시작되었다고 말했는데, 기억하니? 나라가 제대로 자리 잡은 것도 삼국 중 신라가 가장 나중이라고 했지. 더구나 신라를 침략한 왜를 고구려의 광개토 대왕이 물리쳐 주었다는 이야기도 했어. 신라 왕릉에서 발견되었다는 그릇에 '광개토'라는 이름 석 자가 들어가 있는 것도 봤고. 이처럼 신라의 문화는 앞서 발달한 고구려와 백제의 영향을 많이 받았단다.

하지만 신라는 고구려와 백제 문화를 바탕으로 자신만의 문화를 만들어 냈어. 그중에서도 가장 눈에 띄는 것은 금관이야. 신라 금관은 고구려와 백제의 발달한 금세공(금으로 물건을 만드는 공예) 기술을 바탕으로 만들어졌어. 테두리 위에 나뭇가지 모양과 사슴뿔 모양이 정교하게 장식되어 있단다. 황금으

신라 황남대총 북쪽 무덤 금관

기마인물형 토기 '주인상'(왼쪽)과 '하인상'(오른쪽)

로 만들 수 있는 최고의 아름다움을 보여 주지.

앗, 그런데 국립중앙박물관 신라실에는 금관이 보이지 않는다고? 금관은 신라실 옆 널찍한 독방에 자리 잡고 그 아름다움을 뽐내고 있단다.

신라 문화의 개성과 아름다움을 보여 주는 건 금관뿐이 아냐. 신라실 중앙에 있는 독특한 모양의 토기들 또한 그렇지. 고깔모자를 쓴 남자가 요란하게 장식한 말을 타고 가는 모습이 표현된 토기가 보이니? 이거 어디서 많이 본 것 같지 않아? 맞아, 서울 지하철 3호선 경복궁역에 가면 이걸 크게 만들어 놓은 모형이 있지. 이 토기는 경주의 한 왕릉에서 발굴되었는데, 옆에는 하인처럼 보이는 사람이 별 장식 없는 말을 탄 모양의 토기가 있어. 주인과 하인이 한 벌

8교시 따로 또 같이, 삼국의 문화 145

경주 첨성대

을 이루고 있는 셈이지.

그런데 이 토기는 무엇에 쓰던 물건일까? 단순히 장식용일까? 말 뒤쪽에 물을 넣는 구멍이 있고, 앞으로 뾰죽한 대롱이 있는 걸로 봐서는 술병으로 쓰였던 것 같아. 이렇게 신라에서는 술을 한 잔 마시더라도 재미나고 개성 있는 술병을 사용했구나.

신라에서는 예술과 문화뿐 아니라 천문학 같은 과학 기술도 발달했어. 경주에 있는 첨성대가 그 증거지. 첨성대는 선덕 여왕 때 만들어진 기상 관측소야. 많은 학자들은 당시 천문 관측을 맡아보던 관리가 이곳 첨성대에서 하늘을 연구했다고 생각해. 밤하늘을 연구해야 달력을 제대로 만들고, 그래야 농사에 도움을 줄 수 있었으니까.

철의 나라 가야

국립중앙박물관 가야실은 백제실과 신라실 사이에 있어. 옛날 가야가 백제와 신라 사이에 있던 것처럼 말이야. 입구에 들어서면 철(쇠)로 만든 갑옷과 투구로 무장하고 칼을 막 빼는 모습의 가야 병사가 우릴 맞이해. 그 주위로 역시 철로 만든 말 가리개와 붉게 녹슨 옛날 갑옷과 투구가 나란히 전시되어 있고. 이제 눈치챘니? 가야를 대표하는 유물은 철로 만든 물건들이란다. 가야는 삼국 시대에 한반도에서 철기 문화가 가장 발달한 나라였거든.

철로 만든 갑옷과 투구

가야는 발달된 철기 문화를 바탕으로 소박하지만 세련된 문화를 꽃피웠다.

지난번에 고조선에 대해 이야기하면서 한반도에서는 철기 시대가 기원전 5세기에 시작되었다고 한 것 기억나니? 철로 만든 농기구를 사용하면서 곡식 생산량이 크게 늘어났다는 이야기도 했지. 고조선에서 시작한 철기 문화가 화려한 꽃을 피운 것은 가야에서야. 가야 땅에서 질 좋은 철광석이 많이 생산되었거든. 철을 만드는 기술도 발달해서 가야의 철은 이웃 나라인 고구려, 백제, 신라뿐 아니라 멀리 중국, 일본에까지 수출되었단다.

다양한 철기와 함께 가야 문화를 대표하는 유물이 하나 더 있어. 철기와는 전혀 다른 것인데, 아쉽지만 국립중앙박물관 가야실에는 없고, 국악박물관에 가면 볼 수 있지. 그게 뭘까? 귀띔해 주자면 우리나라 전통 악기야. 이름만 들어도 그게 가야에서 만든 것임을 알 수 있는 것. 그래, 맞아! 지금도 널리 연주되는 가야금이야. 악기를 발명한 것만 봐도 가야의 문화 수준을 짐작할 수 있겠지? 우수한 철기를 생산했던 가야는 문화 수준 또한 높았단다.

그런데 이런 가야가 왜 그렇게 빨리 멸망했느냐고? 문화 수준은 높았지만 나라의 힘은 약했거든. 6개의 작은 나라로 이루어진 가야는 삼국처럼 하나의 강한 국가를 이루지 못했어. 그래서 침략과 간섭을 받다가 결국 신라에 의해 망하게 된 거란다.

다음은 각 나라의 대표적인 유물이나 유적을 짝지은 것이다. 잘못된 것은?

① 고구려―천마도   ② 백제―무령왕릉
③ 신라―금관   ④ 가야―가야금

정답 | ①번. 「천마도」는 신라의 옛 무덤인 천마총에서 발견된 말다래 그림이야. 가운데에 하늘을 나는 흰색 말이 그려져 있고, 가장자리는 덩굴무늬로 장식되었어. 이 신비로운 느낌의 그림은 오늘날까지 남아 있는 신라 시대 그림으로는 거의 유일해 그 가치가 매우 높단다.

비슷하면서도 다른 삼국과 가야의 문화

지금까지 국립중앙박물관의 고구려실, 백제실, 신라실, 가야실을 두루 보면서 삼국과 가야의 문화를 살펴보았어. 어때? 실제로 유물들을 보니 삼국과 가야 사람들 생활이 실감 나지? 그런데 삼국과 가야의 문화는 비슷하면서도 달라. 다르면서도 비슷하고. 가까운 이웃끼리 영향을 주고받았지만 저마다 환경과 조건이 달랐으니까. 그럼 어떤 점이 같고 어떤 점이 달랐을까? 마침 박물관에 네 나라의 금장식이 모두 있으니 이걸 한번 비교해 보자.

공통점은 금을 얇게 펴서 화려한 장식을 만들었다는 것. 또한 그것으로 관을 만들어 썼다는 점도 서로 같아. 그런데 구체적인 모습은 나라마다 달랐어. 고구려 금동관의 무늬는 활활 타오르는 불꽃이나 세찬 바람에 흩날리는 구름을 닮았어. 마치 말을 타고 들판을 뛰어다니며 사냥을 즐겼던 고구려 사람들의 기상을 보는 듯해. 좌우로 옷고름을 닮은 드리개를 길게 늘어뜨린 것도 눈에 띄는군.

백제 무령왕릉에서 발견된 왕비의 관 꾸미개도 불꽃처럼 화려해. 그런데 가운데 연꽃 모양이 있는 것을 보니 불교의 영향을 받았군.

신라 금관은 사슴뿔 모양의 장식이 가장 눈에 띄네. 이건 멀리 북쪽 유목 민족에게서 영향을 받은 거래. 참고로 이 천마총 금관은 신라 금관들 가운데 가장 화려한 것으로 평가받아.

마지막으로 가야의 금동관은 단순하지만 모양새가 멋지지? 같은 금을 가지고 만든 공예품이지만 정말 나라마다 개성이 물씬 드러나네.

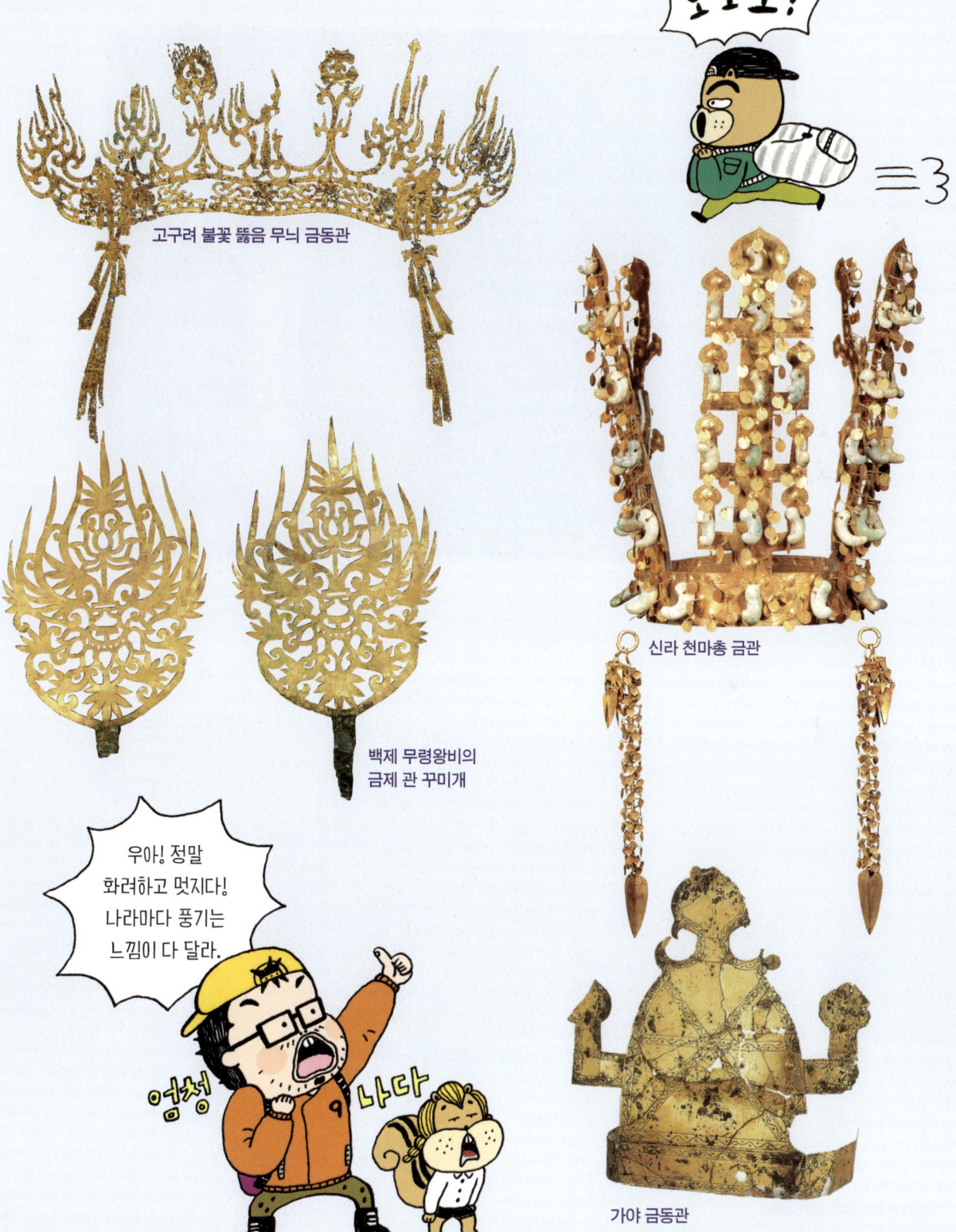

 **일본에서 삼국 문화 찾기**

일본 여행을 하다 보면 낯익은 유물을 만날 때가 있어. 예를 들어 일본 교토의 고류 사에 있는 '목조미륵보살 반가사유상'은 우리나라 국립중앙박물관에 있는 금동미륵보살 반가사유상과 쌍둥이처럼 닮았어. 이유가 뭘까? 삼국이 일본에 문화를 전해 주었기 때문이야. 삼국의 승려, 학자, 기술자 등은 일본으로 건너가 우리 문화를 전해 주었단다. 백제는 불교와 유교를 전해 주었고, 고구려는 종이와 먹 만드는 법, 신라는 배 만드는 기술 등을 가르쳐 주었대.

목조미륵보살 반가사유상

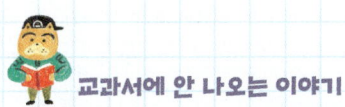 교과서에 안 나오는 이야기

밀착 취재! 삼국의 수출입 장부 엿보기

삼국의 문화는 다른 나라와 교류하며 발전해 나갔다. 중국이나 인도는 물론 멀리 로마에서부터 흘러 들어온 문화에 영향을 받았고, 일본에 전해 주기도 했다. 만약 이 시기 삼국의 수출입 장부가 있었다면 바로 이런 모습이 아니었을까?

수입

- 품목: 유리병
- 특징: 지중해 스타일의 디자인, 손잡이는 코발트블루, 본체는 에메랄드색
- 비고: 손잡이에 금이 가서 금실로 수리함
- 수출국: 로마
- 수입국: 신라

수출

- 품목: 종이, 먹
- 특징: 중국에서도 유명해짐
- 비고: 제품과 함께 기술도 전해 주는 조건
- 수출국: 고구려
- 수입국: 일본

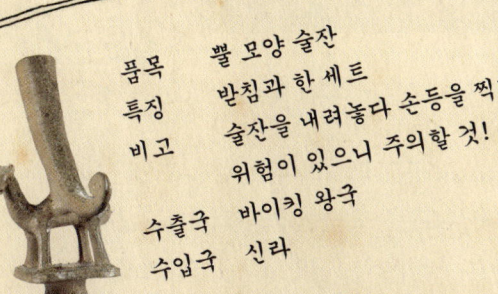

- 품목: 뿔 모양 술잔
- 특징: 받침과 한 세트
- 비고: 술잔을 내려놓다 손등을 찍힐 위험이 있으니 주의할 것!
- 수출국: 바이킹 왕국
- 수입국: 신라

- 품목: 미륵보살 반가사유상
- 특징: 모나리자를 닮은 은은한 미소
- 비고: 불교와 함께 수출
- 수출국: 백제
- 수입국: 일본

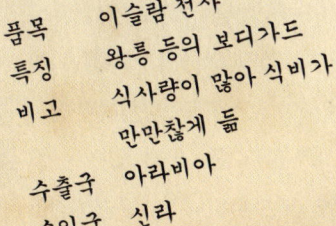

- 품목: 이슬람 전사
- 특징: 왕릉 등의 보디가드
- 비고: 식사량이 많아 식비가 만만찮게 듦
- 수출국: 아라비아
- 수입국: 신라

- 품목: 유학과 천자문
- 특징: 중국의 최신 학문과 책
- 비고: 학자와 책이 동시에 출국
- 수출국: 백제
- 수입국: 일본

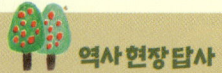 역사 현장 답사

백제 문화의 보고, 무령왕릉과 국립공주박물관

송산리 고분군 모형 전시관에 복원해 놓은 무령왕릉 내부

　무령왕릉을 보기 위해서는 충청남도 공주로 가야 해. 이곳은 백제의 두 번째 수도였단다. 옛날 이름은 웅진이었지. 그렇다면 백제의 첫 번째 수도는? 지난번 현장 답사 장소였던 한성백제박물관이 있던 한성, 그러니까 지금의 한강 유역이었어. 거기서 고구려 장수왕의 공격을 받고 웅진으로 수도를 옮긴 거란다. 무령왕은 백제 제25대 왕으로 501년에 왕위에 올라 22년간 웅진에서 백제를 다스렸어. 그의 무덤은 백제 왕릉 가운데 유일하게 도굴당하지 않았지. 그래서 삼국 시대 왕릉 중에서 유일하게 무덤 주인이 확인된 곳이기도 해. 국보급 유물들 또한 무더기로 나왔어. 지금은 보존을 위해 왕릉의 입구를 막아 놓았지만 너무 실망할 필요는 없어. 왕릉 바로 옆에 있는 '송산리 고분군 모형 전시관'에 무령왕릉 내부의 모습을 그대로 재현해 놓았으니까. 고분군은 무덤이 여럿 몰려 있는 곳을 말하는데, 무령왕릉은 공주 송산리에서 발견된 7개의 옛 무덤 가운데 하나야. 무령왕릉에서 발견된 국보들을 보려면 국립공주박물관으로 가야 해. 무령왕릉에서 작은 언덕 하나만 넘으면

왕의 묘지석

무덤을 지키는 상상의 동물 '석수'

바로니까 산책하듯 쉬엄쉬엄 걸어가면 된단다.

국립공주박물관 1층의 무령왕릉실에는 왕릉의 내부와 나무로 만든 관, 그리고 거기서 나온 국보 17점 중 15점을 전시하고 있어. 왕릉에서 발견된 다른 국보 2점은 국립중앙박물관에 잘 모셔져 있지. 무령왕릉의 국보들 중에서도 빼먹지 말아야 할 것이 묘지석이야. 묘지석이란 무덤을 만들 때, 누가 언제 죽어서 이곳에 묻혔는가를 적어 함께 묻는 돌판을 말해. 이 묘지석 덕분에 이 무덤이 무령왕릉임을 알 수 있었단다. 무령왕릉을 지키던 석수 또한 눈길을 끌어. 무서운 표정을 하고 있지만, 전체적으로 돼지를 닮은 모양이 귀엽지.

공주까지 왔는데 무령왕릉과 국립공주박물관만 보고 그냥 가긴 섭섭하지? 서울의 몽촌토성보다 훨씬 잘 보존되어 있는 공주 공산성에 올라 성벽 길도 걸어 보고, 백제 마지막을 지킨 의자왕 때 세워진 마곡사도 둘러보고, 계룡산국립공원을 대표하는 절인 갑사도 찾아가 봐야지. 하루만으로 부족하지 않겠느냐고? 당연하지. 공주는 1박 2일로 찾는 것이 좋아. 장작불을 때는 전통 한옥을 체험할 수 있는 한옥 마을에서 하룻밤 묵는 것도 좋겠다.

:: 알아 두기 ::

가는 길 공주시외버스터미널에서 시내버스를 타고 송산리 고분군에서 내리면 돼.

관람 소요 시간 약 2시간.

휴관일 송산리 고분군 모형 전시관: 설날·추석날 당일.
국립공주박물관: 매주 월요일, 1월 1일.

추천 코스 무령왕릉에서 시작해 송산리 고분군 모형 전시관을 보고, 국립공주박물관에 가서 유물들 자세히 보기!

9교시
신분이 다르면 생활도 다르다

> 고구려, 백제, 신라, 세 나라의 사람들은 모두 귀족, 평민, 노비로 나뉘어 있었어.
> 이처럼 태어나면서부터 정해지는 사람의 지위를 '신분'이라고 해. 삼국 시대 사람들의
> 생활 모습은 신분에 따라 달랐단다. 아주 가끔 신분이 바뀌는 경우도 있었지만,
> 대부분의 사람들은 태어나면서 정해진 신분에 따라 평생을 살았어.

오늘은 다시 한성백제박물관에 왔어. 지난번에 삼국이 태어나고 발전하는 모습을 봤던 곳이지. 이제 이곳에서 삼국 시대 사람들의 생활 모습을 알아볼 거야. 한성백제박물관의 제2전시실에는 백제 사람들의 집, 음식, 옷 등이 훌륭하게 재현되어 있거든.

그 전에 박물관 제1전시실에 들러서 삼국 시대 이전 사람들의 생활 모습을 복습해 보는 것도 좋겠다. 여기에는 구석기, 신석기, 청동기 시대 사람들의 생활을 모형으로 만들어 전시해 놓았으니까.

그럼 본격적으로 한성백제박물관을 둘러보기 전에 그림 하나를 같이 보자. 평안남도 남포시 수산리에서 발견된 고구려의 옛 무덤에서 나온 벽화야. 잘 차려입은 부부가 나들이하는 장면 같은데, 뒤에서 양산을 받친 사람의 키가 주인공 부부의 허리에도 못 미치네.

수산리 고분 벽화(부분)

앞에서 재주를 부리는 사람들의 몸 크기도 이 사람과 비슷하구나. 그림을 잘못 그린 걸까, 아니면 고구려 사람들은 정말 이렇게 몸 크기가 크게 차이가 났던 걸까? 그럴 리가! 사람들의 몸 크기는 실제로 별반 다르지 않았어. 고분 벽화에 사람 크기가 이렇게 다르게 표현된 건 그들의 신분이 달랐기 때문이야.

삼국 시대의 신분: 귀족, 평민, 노비

신분은 태어나면서 정해지는 사람의 등급이야. 그게 말이 되느냐고? 말이 안 되지. 물론 지금도 선생님 신분, 학생 신분처럼 자기 노력과 상황에 따라 얻게 되는 사회적 위치를 가리키는 신분이 있긴 해. 하지만 옛날에는 세계 어느 나라에나 태어나면서부터 정해지는 신분이 있었어.

우리나라도 삼국 시대에는 귀족, 평민, 노비라는 세 가지 신분이 있었단다. 귀족은 귀하고, 평민은 보통이고, 노비는 천한 신분이라고 생각하면 쉬워. 그러면 왕은? 왕도 크게 보면 귀족에 속해. 보통은 왕의 아들이 왕위를 이었지만, 아들이 없으면 다른 귀족이 왕위를 이어받기도 했거든. 어제까지 귀족이었다가 오늘 왕이 되면 자신의 권한을 더 강하고 튼튼하게 하기 위해 다른 귀족들과 마찰을 빚기도 했지. 하지만 어디까지나 왕과 귀족은 하나의 신분을 이루고 있었어.

결국 신분이란 청동기 시대에 처음 생긴 '지배하는 사람'(지배층)과 '지배를 받는 사람'(피지배층)의 구분이 대를 이어 내려온 것이라고 볼 수 있어. 지배층은 귀족, 피지배층은 평민이 된 거지.

그런데 평민보다도 더 낮은 신분이 또 생겨나. 주인의 말에 절대 복종하는 노비들. 사람이라기보다는 주인의 재산으로 여겨졌지. 사고팔 수 있고, 심지어 주인이 죽여도 별 문제가 되지 않았어.

아마도 처음 노비가 생긴 건 전쟁 때문이었을 거야. '전리품'이라는 말을 들어 봤니? 전쟁에서 이긴 사람이 진

사람에게서 빼앗은 물건을 가리키는 말이지. 옛날에는 물건뿐 아니라 사람도 전리품이 되었어. 그래서 물건처럼 사고팔 수 있는 노비가 생겨났던 거고.

또한 남의 빚을 못 갚은 사람도 노비가 되었지. 전에 고조선의 역사 시간에 배운 '8조법' 생각나니? '도둑질을 한 자는 데려다 노비로 삼는다. 죄를 벗으려면 많은 돈을 내야 한다.'는 조항이 있었지? 도둑질을 하거나 남의 돈을 빌려서 갚지 못할 때는 평민들도 노비가 되었던 거야. 이렇게 생겨난 노비가 낳은 자식도 노비가 되어서, 노비는 귀족, 평민과 함께 하나의 신분을 이루었지. 삼국 시대 사람들의 생활은 신분에 따라 달랐단다.

귀족이 제일 잘나가

먼저 귀족의 생활을 살펴볼까? 어디서? 이곳 한성백제박물관에서. 이곳에는 백제의 귀족, 평민, 노비의 옷과 집 등 사람들의 생활 모습이 잘 재현되어 있거든. 그런데 여기서는 백제 사람들의 모습만 볼 수 있는 거 아니냐고? 사실 삼국 시대의 귀족과 평민 그리고 노비의 생활 모습은 삼국이 서로 비슷했어. 그러니 백제만 봐도 고구려와 신라 사람들의 생활을 알 수 있단다.

한성백제박물관 제2전시실로 들어가 보자. 멋진 관모를 쓴 남자 4명의 그림이 있네. 관모란 관리가 쓰는 모자야. 그러니 이 네 사람은 모두 벼슬아치고 귀족이지. 삼국 시대의 벼슬은 귀족이 도맡아

백제 귀족의 옷차림

했거든. 양 끝에 있는 사람은 관모에 깃털 장식도 했군. 옷은 엉덩이 아래까지 내려오는 저고리에 바지를 입었고. 색이 울긋불긋 정말 화려해. 이렇게 차려입은 귀족들은 무슨 일을 하며 지냈을까?

📖 귀족은 높은 관리가 되었고 많은 토지와 노비를 가지는 등 경제적으로 특권을 누렸으며, 법과 제도에 의해 사회적 지위와 재산을 유지하였다. 고운 베나 비단으로 만든 옷을 입고, 기와집에 살며 다양한 장식을 이용해 집을 화려하게 꾸몄다.

마침 전시실에 백제 귀족의 기와집을 재현한 모형이 있구나. 삼국 시대 귀족들은 큰 기와집에 살면서 여러 가지 특권을 누렸어. 힘

백제 귀족의 기와집 모형(왼쪽)과 바둑판 복제품(오른쪽)

든 일을 하는 대신에 바둑이나 두면서 말이야. 기와집 옆에 전시된 당시의 바둑판을 봐. 귀족들의 생활이 얼마나 화려했는지 어느 정도는 짐작할 수 있겠니?

삼국은 나라마다 귀족들이 모이는 회의가 있었어. 국가적으로 중요한 일은 이 회의에서 결정했지. 고구려의 '제가 회의', 백제의 '정사암 회의', 신라의 '화백 회의' 같은 것들이야. 이 회의에서 귀족들은 스스로에게 토지를 주고, 벼슬을 주고, 세금을 면해 주는 등 여러 특권까지 주었던 거야.

평민이 없으면 농사는 누가 짓나?

귀족의 생활을 보았으니 이번에는 평민 차례.

 평민은 대부분 농민이었고, 해마다 농사를 지어 나라에 세금을 내었다. 또한 궁궐을 짓거나 성을 쌓는 등 나라의 공사에 동원되었으며, 전쟁이 나면 나가서 싸워야 했다.

한성백제박물관 로비에 옛날 풍납토성 짓는 모습을 재현해 놓은 걸 볼까? 높은 성벽 아래 사람들이 일하고 있구나. 커다란 나무를 옮기는 사람, 흙을 다지는 사람, 치수를 재는 사람 등이 있네.

사람들의 옷차림이 어떠니? 저고리가 엉덩이 아래까지 내려오는

풍납토성 공사 모형

모양은 귀족과 비슷한데, 색깔이 단순하네. 어떤 사람은 윗옷을 벗고 바지만 입고 일하고 있구나. 삼국 시대 평민들은 이처럼 간편한 차림을 하고서 나라의 공사에 동원된 거야.

평소에 평민들은 농사를 지었어. 대부분이 농민이었거든. 당시에는 철로 만든 농기구와 소를 이용했지. 고조선 때 이미 철기가 보급되었다고 했던 것, 기억하지? 전시실 구석에 있는 쇠로 만든 커다란 화살표 같은 것이 '보습'이라는 농기구야. 이걸 쟁기에 달아 소가 끌게 해서 논이나 밭을 갈았지. 쟁기는 또 뭐냐고? 쟁기는 땅을 가는 농기구. 보통 나무로 만든 쟁깃술 끝에 쇠로 만든 보습을 달아 논밭을 갈았어. 이 무렵에는 청동기 시대에 시작된 벼농사가 한반

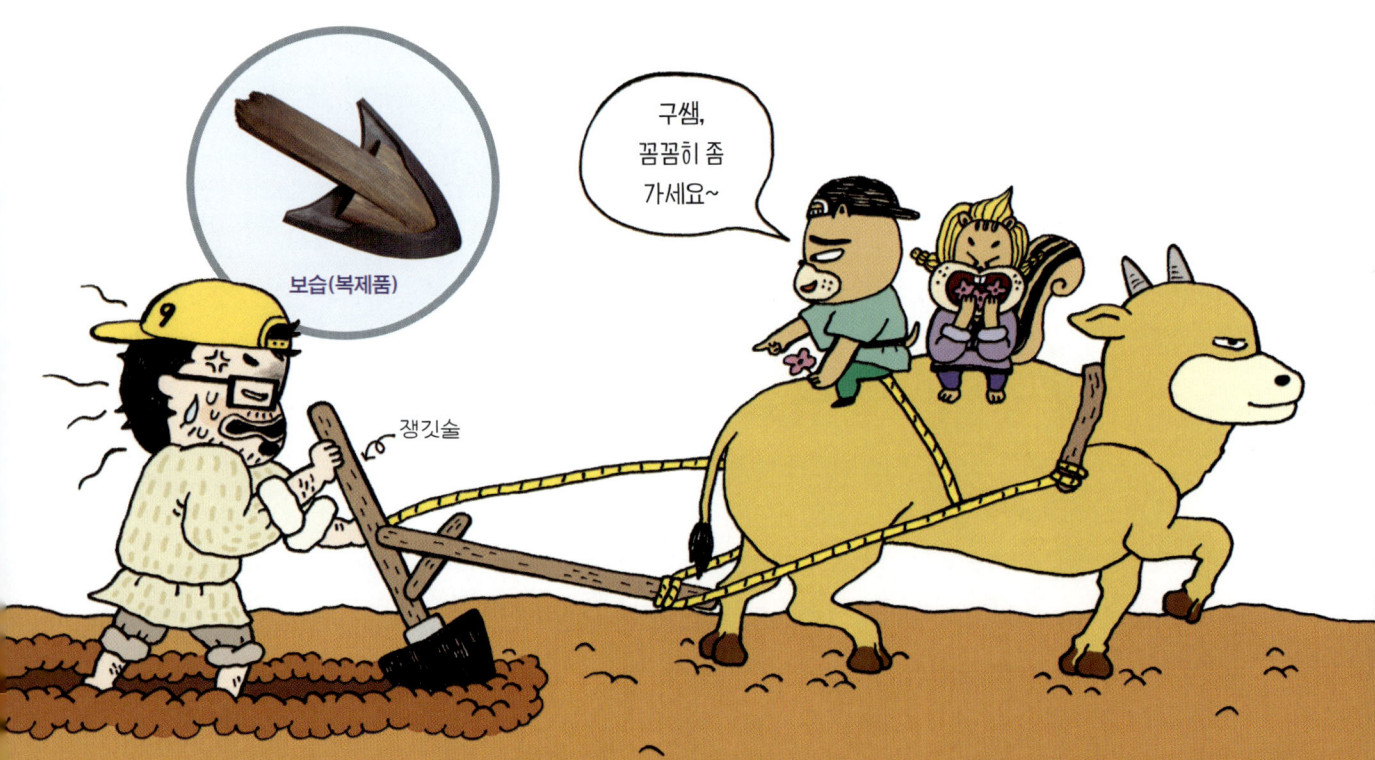

도 곳곳에서 이루어졌어. 그렇다고 모두가 쌀밥을 먹었던 건 물론 아니었단다.

 쌀밥은 주로 귀족들이 먹었고 대부분의 백성들은 보리, 조, 콩, 수수와 같은 잡곡으로 밥을 지어 먹었다.

참, 삼국 시대부터 채소를 소금에 절인 김치를 비롯해 간장, 된장 등을 담가 먹었어. 물론 이때의 김치는 지금이랑 많이 달랐지만 말이야. 지금 우리가 즐겨 먹는 김치는 시대에 따라 그 재료가 달랐단다. 김치는 삼국 시대보다 훨씬 이전, 아득한 선사 시대에 채소를 소금에 절여 먹은 데에서 유래되었어. 채소를 소금에 절이면 오래 보관할 수 있었거든. 맛도 좋아지고. 고려 시대에 들어서면 오이, 부추, 미나리, 갓, 죽순 등 김치에 들어가는 채소류가 다양해지고, 파와 마늘 같은 향신료가 첨가되었어. 그러다 조선 시대 임진왜란 때 고추가 들어오고 젓갈이 쓰이기 시작하면서 김치는 오늘날과 비슷한 모양이 되었단다. 임진왜란 전에는 하얀 색깔의 김치(백김치)밖에 없었어. 그리고 일제 강점기 때 통배추가 보급되면서 배추김치가 김치의 대명사가 되었지.

그럼 삼국 시대의 평민들은 어떤 집에서 살았을까? 귀족들처럼 기와집? 그럴 리 없지. 당시 기와는 아무나 쓸 수 없는 귀한 물건이었거든. 평민들은 대부분 짚이나 갈대 등으로 지붕을 얹은 초가에서 살았단다. 그래도 노비보다는 생활이 나은 편이었어.

 **삼국의 백성들은 흰옷을 즐겨 입었다?**

한성백제박물관에서 본 귀족들과 평민들의 옷차림에서 가장 큰 차이점은 뭘까? 바로 옷의 색깔이야! 귀족들은 색색으로 화려한 옷을 입었지만 평민들은 흰색 옷을 즐겨 입었어. 이건 백제뿐 아니라 신라와 고구려에서도 마찬가지였단다. 혹시 염색을 하는 것이 비쌌기 때문일까? 아니, 꼭 그런 것만은 아니야. 그 당시 중국의 기록을 보면 한반도 사람들이 흰옷을 숭상한다는 이야기가 나오거든. 이러한 전통은 이후에도 이어져서 우리 민족을 '백의민족'(흰옷을 입은 민족)이라고 부르는 거란다.

힘들어라, 삼국 시대에 노비로 산다는 것

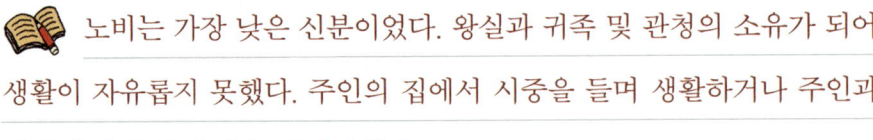 노비는 가장 낮은 신분이었다. 왕실과 귀족 및 관청의 소유가 되어 생활이 자유롭지 못했다. 주인의 집에서 시중을 들며 생활하거나 주인과 떨어져 살며 주인 땅을 경작하였다.

어때, 삼국 시대 노비의 생활이 어땠는지 어느 정도 감을 잡을 수 있겠니? 아직 잘 모르겠다고? 『삼국사기』에 보면 노비의 생활을 짐작할 수 있는 재미난 이야기가 나와. 고구려 미천왕의 이야기. 한번 들어 볼래?

미천왕의 어릴 적 이름은 을불이었어. 원래 을불은 왕자가 아니었단다. 을불의 큰아버지가 왕이었거든. 그래도 왕의 조카니까 편하게 잘 살았을 거라고? 하지만 사정은 정반대였어. 왕이 자기 동생, 그러니까 을불의 아버지가 반란을 꾸몄다며 을불의 아버지를 그만 죽여 버렸거든.

그러자 을불은 목숨을 부지하기 위해 신분을 숨기고 한 부잣집에서 머슴살이를 했단다. 그런데 이 집에서 밤낮으로 일을 어찌나 심하게 시키는지, 어떤 때는 연못가의 개구리가 울지 못하도록 밤새 돌을 던지게 해 잠을 못 잘 정도였다는구나. 결국 을불은 견디지 못하고 1년 만에 그 집을 떠나고 말았어.

그 후로도 많은 고난을 겪은 끝에 을불은 마침내 왕위에 오를 수 있었단다. 그리고 한반도에 마지막으로 남아 있던 중국 세력인 낙랑을 몰아내는 업적을 세웠지.

신분을 숨긴 미천왕은 아마도 자기 신분을 평민이라 했을 거야.

평민이 아니라 노비였다면 마음대로 떠날 수 없었겠지. 그런데 생각해 봐. 평민도 이 정도인데 노비는 오죽했을까? 틀림없이 훨씬 더 고되게 일을 해야 했겠지. 게다가 평민이라면 이런 상황에서 다른 살길을 찾아 떠나면 그만이지만, 노비는 그냥 견디거나 목숨을 걸고 탈출해야 했을 테고.

그런데 때로는 차라리 노비가 되기를 원하는 평민들도 있었단다. 특히 흉년이 들었을 때 부잣집 노비가 되면 적어도 굶어 죽지는 않았으니까. 실제로 평민이 스스로 노비가 되는 경우도 있었어.

평민들의 힘든 사정을 짐작할 수 있는 이야기 하나를 더 들려줄게. 고구려의 고국천왕 때 일이야.

나라에 큰 흉년이 든 어느 날, 고국천왕이 신하들과 함께 말을 타고 사냥을 나가는데, 길에서 서럽게 울고 있는 백성을 만나지 않았겠어. 그래서 왕이 물었지.

"대체 왜 여기서 이리도 슬피 울고 있는 것이냐?"

"저는 어머니를 모시고 그동안 남의 집 일을 해 주며 어렵게 어렵게 살고 있었는데, 올해는 흉년이 든 탓에 일감마저 떨어져 꼼짝없이 굶어 죽게 되었습니다."

백성은 이렇게 대답하고는 다시금 엉엉 울었어. 사정을 딱하게 여긴 고국천왕은 그에게 곡식을 주어 그가 어머니와 함께 살아갈 수 있게끔 해 주었어.

그런데 궁으로 돌아온 왕이 가만 생각해 보니 흉년 때문에 굶주리는 백성이 더 많을 것 같은 거야. 그래서 신하들과 함께 생각에 생각을 거듭한 끝에 백성들에게 곡식을 빌려 주는 '진대법'을 만들었단다(194년).

진대법은 일종의 사회 복지 제도야. 그렇다고 요즘처럼 국가가 돈을 지급하는 것은 아니고, 나라에서 세금으로 거둔 곡식을 봄에 농민들에게 빌려 주었다가 가을에 갚도록 하는 거지. 곡식이 가장 부족할 때가 봄이었거든. 혹시 보릿고개라는 말을 들어 봤니? 가을에 거둔 곡식이 다 떨어지고 보리는 아직 여물지 않아 농촌에 먹을 것이 없어 굶주리던 5~6월의 힘든 시기를 보릿고개라고 불렀어. 이 시기는 높은 고개처럼 넘기 힘들다는 뜻이지. 진대법은 농민들이 보릿고개를 무사히 넘길 수 있도록 도와주는 제도였던 거야.

진대법 덕분에 백성들의 생활은 어느 정도 안정되었지만, 이것이 근본적인 해결책은 될 수 없었어. 문제는 귀족들이 토지를 너무 많이 가지고 있다는 것이었거든. 게다가 귀족들은 세금을 안 내는 특

권까지 있었단다. 평민들은 가뜩이나 없는 토지에 세금까지 내느라 허리가 휠 지경이었지. 또한 삼국 시대에는 눈만 뜨면 전쟁이 벌어졌기 때문에 백성들의 삶은 더욱 어려웠어.

하지만 모든 일은 시작이 있으면 끝도 있는 법. 삼국 사이에 치열했던 전쟁은 결국 마지막을 향해 치닫게 돼. 삼국 통일이 이루어지는 거야. 전쟁 이야기는 다음 시간에! 오늘은 퀴즈로 마무리하자고.

다음은 삼국 시대에 일어난 일들을 기록한 것이다. 잘못된 것은?

① 신라 귀족 김춘수는 백제와의 전쟁에서 공을 세워 토지를 받았다.
② 고구려 농민 아지개는 이른 봄에 먹을 것이 없어 굶주릴 지경에 이르자 곡식 한 가마를 나라에서 빌렸다.
③ 백제 노비 쪼깐이는 추수한 곡식 중 10분의 1을 나라에 세금으로 냈다.

정답 | ③번. 노비들은 나라에 세금을 내지 않았어. 노비 것은 모두 주인 것이었으니까.

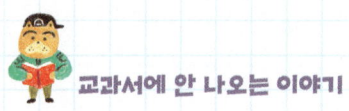
교과서에 안 나오는 이야기

고구려 최고의 귀족 저택을 팝니다!

삼국의 귀족들은 커다란 기와집에서 떵떵거리며 살았다. 고구려 고분 벽화를 보면 당시 귀족들이 살았던 저택의 모습들을 엿볼 수 있는데, 마차를 두는 차고, 말을 키우던 마구간은 물론 방앗간과 고깃간까지 없는 게 없었다. 만약 고구려 귀족에게 집을 팔았다면 이런 광고를 하지 않았을까?

당신이 꿈꾸던 바로 그 저택!

- ☑ 최신 유행의 기와 사용
- ☑ 높다란 솟을대문
- ☑ 마차 2대가 넉넉히 들어가는 차고
- ☑ 운동장만큼 넓은 마당
- ☑ 최대 10마리까지 키울 수 있는 초대형 마구간
- ☑ 20명의 노비들이 지낼 수 있는 행랑채
- ☑ 주인 부부를 위한 아늑한 살림채
- ☑ 최신식 부뚜막을 갖춘 부엌
- ☑ 쌀 100가마를 한꺼번에 보관할 수 있는 창고
- ☑ 집 안에 방앗간과 고깃간까지!
- ☑ 자녀들을 위한 별채는 별도!

별채 / 창고 / 방앗간 / 고깃간 / 살림채 / 행랑채 / 마구간 / 차고 / 외양간

이 모든 것을 단돈 황금 50냥에 드립니다!

- 612년 — 고구려가 수나라를 물리치다 (살수 대첩)
- 645년 — 고구려가 당나라를 물리치다 (안시성 싸움)
- 660년 — 백제가 멸망하다
- 668년 — 고구려가 멸망하다
- 676년 — 신라가 당나라를 물리치고 삼국 통일을 완성하다
- 698년 — 대조영이 발해를 세우다
- 900년 — 견훤이 후백제를 세우다
- 901년 — 궁예가 후고구려를 세우다
- 918년 — 왕건이 고려를 세우다
- 926년 — 발해가 멸망하다

3부

삼국 시대에서 남북국 시대로

10교시 | 꼴등 신라, 삼국을 통일하다! _ 전쟁기념관
11교시 | 고구려를 뛰어넘은 고구려 후예, 발해 _ 국립민속박물관, 국립중앙박물관 발해실
12교시 | 다양한 문화가 어우러져 꽃피다 _ 경주 월지, 국립경주박물관

10교시
꼴등 신라, 삼국을 통일하다!

전쟁기념관

성을 공격할 때 썼던 사다리 '운제'

모든 군사들이여, 삼국 통일을 향해 전진하라!

> 신라는 고구려와 백제에 비해 나라가 세워지는 시기도, 전성기를 맞은 때도 가장 늦었어. 하지만 신라는 더욱 착실히 실력을 쌓아 마침내 삼국을 통일하고 한반도에 새로운 역사를 열게 된단다. 지금부터 신라가 삼국을 통일하는 과정을 자세히 살펴보기로 하자.

'전쟁' 하면 어떤 생각이 드니? 멋진 주인공이 최신 무기를 가지고 나쁜 놈들을 몽땅 물리치는 것? 우리가 영화 속에서 흔히 보는 전쟁의 모습이지. 하지만 영화는 영화일 뿐, 아쉽게도 현실에서 이런 일은 거의 일어나지 않아.

현실에서는 힘센 나라가 힘없는 나라를 침략해서 못살게 구는 전쟁이 훨씬 더 많이 벌어지지. 그 과정에서 수많은 사람들이 고통을 당하게 되고. 우리나라 역사를 생각해 봐. 멀리는 고조선이 한나라의 침공을 받은 것부터 가까이는 일본이 조선을 침략한 것까지, 영화에서 본 정의로운 전쟁보다는 침략 전쟁이 대부분이었잖아?

그런데 어떤 전쟁이건 모든 전쟁에는 공통점이 있어. 바로 역사의 흐름을 바꿔 버린다는 사실! 생각해 봐. 만약 신라가 아니라 고구려가 전쟁에서 이겨 삼국을 통일했다면? 아마 우리나라 지도는 완전히 달라졌을 거야. 만약 6·25전쟁에서 북한이 이겼다면? 지금 우리는 전혀 다른 나라에서 살고 있겠지. 수없이 많은 사건들이 모여 역사를 만들어 가지만, 전쟁만큼 큰 영향을 끼친 것도 드물어.

그래서 오늘은 서울 용산의 전쟁기념관에 왔어. 먼 옛날부터 지금까지 한반도에서 벌어진 전쟁의 역사를 한눈에 볼 수 있거든.

한반도의 다윗이 중국 골리앗을 이기다

혹시 다윗과 골리앗 이야기를 들어 본 적 있니?『성경』에 나오는 이야기인데, 작은 소년 다윗이 거대한 군인 골리앗과 맞서 싸워 이긴다는 내용이지. 제 힘만 믿고 남을 얕잡아 본 골리앗은 다윗이 던진 돌에 맞아 쓰러지고 말았단다.

비슷한 일이 삼국 시대에도 벌어졌어. 한반도의 작은 나라 고구려가 중국의 큰 나라 수나라, 당나라와 싸워 이긴 거야. 고구려가 한반도에서는 큰 나라였지만, 중국 대륙을 통일한 수나라나 당나라보다는 작은 나라였거든. 어떻게 이런 일이 가능했을까?

> 중국을 통일하며 세력을 넓히던 수나라는 고구려를 차지하기 위해 많은 군사를 이끌고 고구려를 침략해 왔다. 이때 고구려의 장군 을지문덕은 적들을 살수(청천강)로 유인하는 작전을 펴 큰 승리를 거두었다. 이 전쟁을 살수 대첩이라고 한다.

먼저 '중국을 통일하며 세력을 넓히던 수나라'부터 찬찬히 짚어 보자. 『삼국지연의』라고 들어 봤니? 유비, 관우, 장비 등이 등장하는 중국 소설 말이야. 아마 한 번쯤 읽어 본 친구들도 있을 거야. 이 소설의 배경은 중국이 위나라, 오나라, 촉나라의 삼국으로 나뉘어 서로 싸우던 때란다. 이 무렵 한반도에서도 고구려, 백제, 신라의 삼국 시대가 막 시작되었지.

중국의 삼국 시대는 위나라의 뒤를 이은 진나라가 오나라와 촉나라를 멸망시키면서 끝이 났어. 하지만 얼마 지나지 않아 진나라도 망하고, 중국 땅에는 다시 여러 나라들이 들어서게 되었단다. 이 혼란기를 끝내고 중국을 통일한 나라가 바로 수나라야. 수나라는 이 여세를 몰아 고구려를 침략했지. 주변의 다른 나라들과는 달리 고분고분하지 않고 자기 목소리를 높이는 고구려가 몹시 거슬렸던 거야.

용산 전쟁기념관의 전쟁역사실에 이와 관련한 유물들과 자료들이 있어. 가장 먼저 눈에 띄는 것은 살수 대첩의 모습을 표현한 모형이야. 군사들을 격려하는 을지문덕 장군의 모습과 함께 고구려 군사들이 살수를 건너오는 수나라 군사들을 공격하는 광경이 펼쳐지고 있네. 그런데 수나라 군사들이 참 많지? 도대체 얼마나 많은 군사들이 고구려를 침공한 걸까? 놀라지 마.

살수 대첩 광경을 어서 보러 가자, 어서!

살수 대첩 모형

자그마치 100만 명이 넘어. 이 많은 군사들이 중국 땅을 출발하는 데만도 40일이 걸렸다니까.

그중 총사령관 우중문이 이끄는 30만 명의 별동대가 고구려에 도착했어. 이에 맞선 고구려 장수는 을지문덕. 싸움이 벌어질 때마다 우중문이 계속 이겼어. 덕분에 수나라 군대는 점점 고구려 깊숙이 들어왔지. 그러던 어느 날, 을지문덕이 우중문을 찾아가 말했어.

"고구려는 수나라의 적수가 못 되니 이제 항복하겠습니다."

진심이었냐고? 물론 아니지! 항복을 핑계로 적의 사정을 살피러 간 거야. 실제로 수나라 군대의 사기는 땅에 떨어져 있었지. 너무 먼 길을 왔기 때문에 지친 데다가 오는 길에 무겁다며 식량을 버렸기 때문에 굶주림에 허덕였거든.

사실 그때까지 고구려군이 계속 진 것은 작전이었어. 일부러 져 주면서 수나라 군대의 힘을 뺐던 거야. 적진을 나온 을지문덕은 우중문에게 시를 한 편 써서 보냈어.

귀신 같은 책략은 하늘의 이치를 알았고
절묘한 꾀는 땅의 이치를 깨달았구려.
전쟁에 이겨서 그 공이 이미 크니
만족한 줄 알고 전쟁을 멈추는 것이 어떠하오.

응? 이게 무슨 말이야? 정말 을지문덕이 적의 장수를 칭찬하고 있는 걸까? 아니, 정반대야. 고구려의 작전에 말려들어 싸울 힘조차 없어진 수나라 군대를 비웃는 내용이지. 우중문은 그제야 자신이 속았다는 걸 깨달았어. 분하고 억울했지만 군대를 돌릴 수밖에 없었단다. 을지문덕이 이미 수나라의 사정을 다 알아 버렸으니, 지금 싸우면 질 게 뻔했거든. 후퇴하는 수나라 군대가 살수를 절반쯤 건넜을 때, 갑자기 사방에서 "와!" 하는 소리가 들려왔어. 고구려 군사들이 한꺼번에 공격하기 시작한 거야. 결과는 처참했지. 수나라 군사 30만 명 중에서 중국 땅으로 살아서 돌아간 사람은 겨우 2,700명뿐. 이것이 바로 그 유명한 살수 대첩(612년)이란다. 대첩이란 전쟁에서 거둔 큰 승리를 뜻하니, 살수 대첩은 '살수에서 거둔 큰 승리'라는 의미야. 어때? 이 정도면 세계 전쟁사에 길이 남을 만큼 대단한 승리가 아닐까? 큰 패배를 당한 수나라는 국력이 약해져 결국 멸망하고 말았단다. 중국을 통일한 지 꼭 29년 만의 일이야.

이 정도면 포기할 만도 한데 중국은 고구려를 차지하겠다는 욕심을 버리지 않았어. 수나라를 이은 당나라도 고구려를 침략했거든. 처음에는 당나라와 고구려 사이가 나쁘지 않았어. 그 무렵 당나라는 다른 나라들과 전쟁을 하느라 고구려까지 침략할 여유가 없었거든. 고구려 역시 수나라와 큰 전쟁을 치른 뒤라 전쟁을 원하지 않았고 말이야. 하지만 당나라는 다른 나라들과의 전쟁에서 승리한 뒤 고구려를 호시탐탐 노리기 시작했어.

마침 고구려에서는 정치가이자 장수인 연개소문이 영류왕을 죽이고 보장왕을 세우는 일이 벌어졌어. 영류왕이 당시 고구려의 실력자였던 연개소문을 없애 버리려고 하자, 연개소문이 선수를 친 거야. 당나라 황제는 이 소식을 듣고서 지금이야말로 고구려를 칠

기회라고 생각했어.

"고구려의 연개소문이 왕을 죽이는 불충을 저질렀다. 내 어찌 이를 두고 보겠는가?"

당나라 황제는 수십만 명에 이르는 군대를 직접 지휘했어. 그는 수나라의 실패를 되풀이하지 않기 위해서 철저히 전쟁 준비를 했단다. 당나라는 고구려의 성을 하나씩 하나씩 점령하면서 차근차근 앞으로 나아갔어. 그러다 고구려 서쪽에 있는 안시성에 이르렀지.

당나라 군대가 안시성을 꽁꽁 에워싸고 공격했지만 고구려군은 이를 잘 막아 냈단다. 그러자 당나라 병사들은 안시성 앞에 높은 흙산을 쌓기 시작했어. 여기에 올라가서 안시성 안으로 화살을 퍼부

안시성 싸움 기록화

을 작전이었던 거야. 하지만 고구려군이 이를 눈치채고는 성에서 나와 당나라가 쌓은 흙산을 빼앗아 버렸단다. 결국 당나라 군대는 안시성을 함락하지 못하고 돌아서야 했어. 당시의 역사 기록에는 없지만 전하는 말로는 이때 당나라 황제가 눈에 화살을 맞았기 때문에 급히 후퇴했다고도 해.

여러 개의 화살을 연달아 쏠 수 있는 고구려의 무기 '쇠뇌'

결국 고구려는 살수 대첩에 이어 안시성 싸움에서 다시 한 번 큰 승리를 거뒀어(645년). 병사들뿐 아니라 백성들까지 모두 하나가 되어 싸웠기 때문에 가능한 일이었지. 안시성 싸움 기록화와 당시 사용했던 무기 등을 보면서 그때 상황을 한번 상상해 볼까?

중국이라는 골리앗을 여러 번 물리친 한반도의 다윗, 고구려. 하지만 계속되는 전쟁으로 고구려의 국력도 약해졌단다.

불꽃 튀는 한반도 외교 전쟁

고구려가 중국과 전쟁을 벌이는 사이, 당시의 한반도 상황을 알아볼까? 백제와 손을 잡고 고구려를 공격하던 신라가 백제와의 약속을 어기고 한강 유역을 독차지했다는 이야기, 기억하니? 그러고는 신라가 삼국 중에서 가장 늦게 전성기를 맞이하게 되었다고 했지. 하지만 상황은 여기서 끝나지 않았어.

이번에는 고구려와 백제가 손을 잡고 신라를 공격하기 시작했어. 생각해 보면 당연한 일이지. 백제는 신라에 배신을 당했고, 고구려는 신라에 영토를 빼앗겼으니. 두 나라의 공격을 받은 신라는 어려움을 겪을 수밖에 없었어. 전성기라고 해도 신라의 국력이 백제와 고구려를 한꺼번에 상대할 수 있는 정도는 아니었으니까.

그렇다면 신라의 선택은? 군사력이 안 되면 외교력을 발휘하라! 이때 신라는 우리 역사상 최초의 여왕인 선덕 여왕이 다스리고 있었어. 그리고 훗날 태종 무열왕이 되는 김춘추가 외교를 담당하고 있었지. 하루는 선덕 여왕이 김춘추를 불러 이렇게 말했어.

"경이 고구려에 가서 동맹을 맺고 와야겠소."

"아니, 우리는 지금까지 고구려와 사이가 나쁘지 않았습니까?"

김춘추가 선덕 여왕에게 되묻자 여왕이 대답했지.

"그러니까 이제 화친을 맺을 때인 거요. 더구나 얼마 전에 연개소문이 영류왕을 죽이고 권력을 잡았다니, 이전과는 다른 정책을 펴려고 할 테지. 그러니 우리와 동맹을 맺을 수도 있을 거요."

"신이 목숨을 걸고 연개소문을 만나 동맹을 맺도록 하겠습니다."

김춘추는 고구려로 직접 찾아가 연개소문을 만나는 데 성공했어. 하지만 연개소문의 반응은 김춘추가 생각했던 것과 달랐어.

"신라가 고구려와 동맹을 맺으려면 이전에 빼앗아간 한강 유역의 땅을 돌려줘야 할 것이다!"

김춘추가 자기에게는 그럴 만한 권한이 없다고 하니 연개소문

> 삼국 시대 외교 고수들의 치밀한 머리싸움을 엿볼 수 있는 대목이야.

은 김춘추를 감옥에 가둬 버렸단다. 이런, 혹 떼러 왔다가 혹 붙인 꼴이군. 고구려와 동맹을 맺는 게 문제가 아니라 김춘추 자신이 언제 죽을지 모르는 상황이 되어 버렸어. 김춘추는 자기가 가져온 귀중품들을 고구려 관리에게 몽땅 뇌물로 바치고 목숨을 구하려 했어. 그랬더니 돈을 받은 관리가 감옥으로 김춘추를 찾아와 옛날이야기를 하나 들려주었단다.

"옛날, 동해의 용왕이 깊은 병에 걸렸습니다. 용궁 의사는 토끼의 간이 특효약이라고 했지요. 신하였던 자라는 육지로 가서 토끼를 데려왔어요. 토끼에게 용궁의 벼슬을 준다고 속여서 말입니다. 용궁에 다다랐을 즈음, 자기 목숨이 위태롭다는 사실을 깨달은 토끼는 육지에다 간을 두고 왔다고 거짓말을 했지요. 그 덕분에 겨우 도망칠 수 있었답니다."

아니, 지금 언제 죽을지 모르는 사람 앞에서 한가하게 무슨 소리야? 김춘추가 막 뭐라고 하려는데, 그 관리가 한마디를 덧붙였지.

"지금 김춘추 공이 바로 토끼의 처지가 아닙니까?"

김춘추는 무릎을 탁 치고는 관리에게 고맙다고 인사했어. 그러고는 연개소문을 만나기를 청했지. 김춘추는 연개소문에게 이번에 자기를 풀어 주면 반드시 선덕 여왕을 설득해서 한강 유역의 땅을 돌려주겠다고 약속했어. 결과는? 성공! 겨우 풀려난 김춘추는 걸음아 날 살려라 도망쳤단다. 마치 용궁을 빠져나오던 토끼처럼 말이야. 그런데 이거 어디서 많이 들어 본 이야기 같지 않아? 맞아. 바로 「별주부전」 이야기야.

　겨우 고구려를 빠져나온 김춘추가 선택한 다음 상대는 당나라였어. 때마침 당나라는 고구려 침공에 실패한 뒤였기 때문에 고구려에 대한 감정이 안 좋았지. 그리하여 신라와 당나라의 '나당 동맹'이 이루어졌단다. 이제 한반도는 새로운 전쟁의 시대로 접어들게 된 거야.

역사 속으로 사라진 백제와 고구려: 1차 통일 전쟁

　지금부터는 1차 통일 전쟁. 신라와 당나라 연합군이 고구려, 백제와 벌이는 전쟁이야. 그럼 2차 통일 전쟁도 있느냐고? 물론! 나중에 설명할 거니까 기대하렴.

📖 당나라와 연합한 신라는 먼저 백제를 공격하였다. 당시 백제는 정치적인 혼란으로 신라와 당나라 연합군의 공격을 막기에 힘이 부족하였다. 백제의 계백 장군은 5천 명의 군사로 신라의 김유신이 이끄는 5만 명의 군사와 황산벌에서 전투를 벌였으나 패하였다. 백제는 신라와 당나라 연합군에 의해 사비성이 함락되면서 멸망하였다.

신라와 당나라가 백제를 첫 번째 상대로 선택한 건 당연한 일이었어. 고구려보다 백제의 군사력이 훨씬 약했으니까. 고구려는 수나라, 당나라와도 싸워서 이긴 군사 강국이잖아.
 신라와 당나라 연합군이 쳐들어온다는 소식을 들은 백제는 불안

황산벌 전투 기록화

에 떨었어. 특히 백제의 의자왕은 어쩔 줄 몰랐지. 사치와 향락에 빠져 있던 의자왕은 나라를 걱정하고 바른말을 하는 충신들을 다 감옥에 보냈거든. 주변에는 목숨을 바쳐서 싸울 장수들도 거의 없었어. 백제의 정치가 혼란스러운 것도 이런 이유 때문이었지. 백제의 앞날은 바람 앞의 촛불 같았어.

그때 백제를 지키기 위해 나선 사람이 계백 장군이야. 남은 백제의 군사는 고작 5,000명. 김유신이 이끄는 5만 명의 신라군을 막기에는 턱없이 부족했지. 계백 장군이 이끄는 5,000명의 결사대는 마지막까지 정말 죽을 각오로 싸웠어. 10배나 많은 신라군이 쩔쩔맬 정도였으니까. 하지만 이미 기울어 버린 나라의 운명을 돌릴 수는 없었어. 백제군은 패했고, 계백 장군도 이 전투에서 최후를 맞았어. 의자왕은 결국 신라와 당나라에 항복하고 말았단다(660년).

백제가 멸망한 뒤 고구려 차례가 되었어. 하지만 고구려는 백제처럼 쉽게 무너지지 않았어. 당시 천하에 뛰어난 장수로 알려진 연개소문이 고구려를 지키고 있었거든. 그가 이끄는 고구려 군대는 신라와 당나라의 침공을 잘 막아 냈어. 그렇게 몇 년이 흐르고 신라와 당나라의 공격도 뜸해졌을 때, 고구려에 큰일이 생겼어. 강력한 지도력으로 전쟁을 이끌던 연개소문이 세상을 떠난 거야.

문제는 그다음이었어. 연개소문에게는 3명의 아들이 있었는데, 그들 사이에 권력 다툼이 벌어진 거야. 눈앞에 신라와 당나라 군대가 버젓이 있는데, 연개소문의 아들들은 서로 싸우기에 바빴어. 그리고 더욱 한심한 일이 일어났어. 권력 싸움에서 진 맏아들이 당나라로 망명을 해서는 당나라 군대와 함께 고구려에 쳐들어온 거야.

아무리 그래도 어떻게 이런 일이 벌어질 수 있느냐고? 역사를 살펴보면 이런 일들은 심심찮게 일어나. 권력을 두고 형과 동생뿐 아니라 아버지와 아들, 삼촌과 조카가 서로를 죽일 정도로 싸우는 일 말이야. 권력 다툼에서 패한 사람이 조국을 배신하는 것도 어처구니없지만 드문 일은 아니야. 결국 고구려는 멸망했고(668년), 연개소문의 맏아들은 당나라로부터 벼슬을 받았단다.

돌발 퀴즈

다음은 삼국 통일 시기에 활약한 인물과 그가 한 일을 연결한 것이다. 잘못 연결한 것은?

① 신라 김춘추
나는 목숨을 걸고 당나라로 가서 신라와 당나라가 동맹을 맺게 했어.

② 신라 김유신
마지막까지 저항한 백제 장군 계백의 군사들을 무찌른 건 나지.

③ 고구려 연개소문
동맹을 맺자는 신라의 제안을 거절했어. 누구 좋으라고.

④ 백제 의자왕
우리 백제가 멸망할 때 낙화암에서 몸을 던져 스스로 목숨을 끊었어.

정답 | ④번. 백제가 멸망하고 의자왕은 당나라로 끌려갔어. 낙화암에서 몸을 던진 사람들은 궁녀들이지.

신라 대 당나라: 2차 통일 전쟁

백제에 이어 고구려까지 멸망했으니 이제 삼국 통일은 다 된 것일까? 답은 '아니다'야. 또 한 번의 전쟁이 기다리고 있었어. 이게 바로 아까 이야기한 2차 통일 전쟁이야. 백제와 고구려 말고 또 다른 나라가 있었던 거냐고?

📖 당나라는 백제와 고구려가 멸망한 후, 한반도 전체를 지배하려는 야심을 드러냈다. 신라는 백제와 고구려 부흥 세력과 함께 당나라를 몰아내기 위한 전쟁을 시작하였다.

그랬구나! 당나라가 겉으로는 신라와 손을 잡았지만 속으로는 다른 꿍꿍이를 가지고 있었군.

사실 이건 어느 정도 예상된 일이었어. 애초에 신라와 당나라가 연합을 맺을 때 약속한 것이 있었어. 고구려와 백제를 멸망시키고 나면 고구려 땅은 당나라가, 백제 땅은 신라가 차지하기로 말이야. 그런데 백제를 멸망시킨 후 당나라는 제멋대로 백제 지역에 웅진도호부라는 관청을 설치하고, 백제 땅을 직접 다스리기 시작했어. 태종 무열왕의 뒤를 이어 신라의 왕이 된 문무왕은 펄쩍 뛰었지.

"이게 무슨 말도 안 되는 일인가? 고구려가 아니라 당나라와 당장 전쟁을 벌이겠다!"

"전하, 아직 삼국 통일이라는 큰일이 끝나지 않았습니다. 당나라 문제는 고구려를 멸망시킨 후에 처리해도 늦지 않을 것입니다."

　김유신을 비롯한 신하들이 말리니 문무왕도 그 말을 따랐어. 그런데 고구려가 멸망하고, 당나라는 고구려뿐 아니라 신라까지도 지배하려고 했어. 이제는 도저히 못 참겠다! 신라가 칼을 빼 들었어. 2차 통일 전쟁이 벌어진 거야.

　그런데 여기에는 신라와 당나라뿐 아니라 다른 세력들도 끼어들게 되었어. 바로 고구려와 백제의 저항 세력들. 빼앗긴 나라를 되찾기 위해 일어난 사람들 말이야. 백제에서는 왕족이던 복신과 승려

도침이 백제 부흥 운동을 이끌었어. 장군 출신인 흑치상지도 부흥군을 이끌었고. 고구려 장군이었던 고연무와 검모잠은 고구려 부흥 운동을 이끈 대표 인물이야. 특히 검모잠은 고구려 왕족인 안승을 왕으로 세우고 한성 일대에서 나라를 찾기 위해 싸웠지. 이렇듯 나라를 다시 일으켜 세우려는 노력을 '부흥 운동'이라고 해.

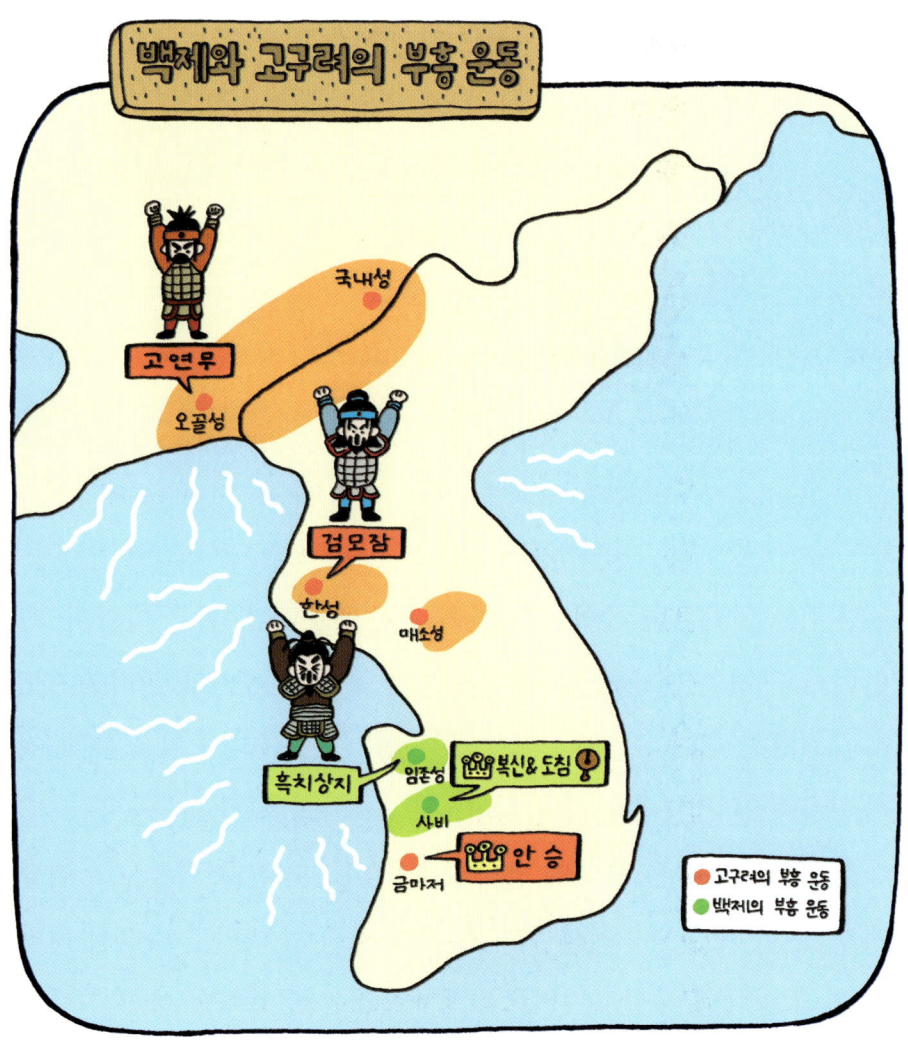

그럼 여기서 질문 하나. 고구려와 백제의 부흥 세력들은 신라 편을 들었을까, 당나라 편을 들었을까? 그래도 한 민족인데 신라 편을 들었을 것 같다고? 신라 편을 든 것은 맞지만 이유는 좀 달라. 삼국 시대까지는 '우리는 한 민족'이라는 생각이 별로 없었거든. 고구려와 백제가 망한 뒤에 누가 그 땅을 다스렸는지 생각해 보자. 누구였지? 당나라! 고구려와 백제의 유민(망하여 없어진 나라의 백성)들 눈에는 당나라를 몰아내는 것이 나라를 되찾는 일이었어.

신라는 이런 상황을 이용해서 당나라에 맞섰어. 고구려와 백제의 부흥 세력들이 당나라와 싸울 수 있도록 도와준 거야. 부흥 세력들

역시 신라를 믿을 수는 없었지만 당나라와 싸우는 것이 더 급했어. 어제까지 목숨을 걸고 함께 싸우던 연합군이 오늘은 서로를 죽이는 처지가 되었고, 어제 멸망시킨 나라의 군사들과 오늘 손을 잡고 싸우게 된 거야.

결과는? 신라의 승리! 당나라를 한반도에서 완전히 몰아내지는 못했지만, 신라는 백제 땅과 고구려 땅 일부를 차지하면서 삼국 통일을 이룰 수 있었단다(676년). 큰 전쟁을 두 번이나 치르고, 비로소 셋으로 갈라졌던 한반도 사람들이 하나의 민족을 이루기 시작한 거야. 물론 고구려 영토의 대부분이 당나라의 차지가 된 걸 생각하면 완전한 것은 아니지. 다행히 고구려 유민들은 새로운 나라를 세워서 고구려의 옛 땅을 대부분 회복할 수 있었어. 그 나라가 바로 발해란다. 여기에 대해서는 다음 시간에 자세히 알아보도록 하자.

 **가야 출신 김유신, 신라 삼국 통일의 주역이 되다**

> 김춘추가 외교력을 발휘해 신라를 구했다면 김유신은 군대를 이끌고 통일 전쟁에서 승리했어. 김유신은 김춘추의 친구이자 처남이야. 김춘추가 김유신의 여동생과 결혼했거든. 김유신의 조상은 가야 출신이었어. 그래서 김유신은 신라 귀족 사회에서 인정을 못 받았지. 반면에 김춘추는 귀족 중에서도 왕이 될 수 있는 높은 신분이었어. 김유신은 김춘추의 처남이 되면서 자신의 재능을 마음껏 펼칠 수 있게 되었지. 뛰어난 외교력을 갖춘 김춘추와 군대를 다루는 능력이 탁월한 김유신이 손을 잡음으로써 신라는 삼국 통일을 이룰 수 있었단다.

교과서에 안 나오는 이야기

삼국 통일 인물 관계도

복잡한 드라마도 인물 관계도만 보면 한눈에 이해되지? 복잡한 삼국 통일 시기를 한눈에 이해할 수 있는 인물 관계도를 살펴보자.

고구려 사람들

 **연개소문**
고구려의 실력자. 천하의 명장으로 당나라와 신라의 공격을 막아 낸다.

 **연남생**
연개소문의 맏아들. 동생들과의 권력 싸움에서 패배하고, 당나라 편에 붙어 고구려를 멸망시킨다.

 **검모잠**
고구려의 장군. 고구려 멸망 후 고구려 부흥 운동을 이끈다. 신라의 도움을 받았으나 나라를 되찾는 데는 실패한다.

신라 사람들

 **선덕 여왕**
신라의 여왕. 백제의 침략을 막기 위해 김춘추를 고구려로 파견한다.

 **김춘추**
신라의 왕족이자 신하. 삼국 통일을 위해 당나라와 손을 잡는 데 성공한다. 훗날 선덕 여왕의 뒤를 이어 태종 무열왕이 된다.

 **김유신**
신라의 장군. 누이의 남편인 태종 무열왕을 도와 삼국 통일을 이루는 데 큰 공을 세운다.

 **문무왕**
태종 무열왕의 뒤를 이은 왕. 당나라를 몰아내고 삼국 통일을 마무리한다.

백제 사람들

 **의자왕**
백제의 마지막 왕. 충신을 멀리하고 쾌락만을 좇다 결국 신라에 항복한다.

 **계백**
백제의 장군. 5,000명의 결사대를 이끌고 5만 명의 신라군에 맞서 최후까지 싸운다.

 **복신**
백제의 왕족. 일본에 있던 의자왕의 아들을 왕으로 세워 백제 부흥 운동을 이끌었으나 결국 실패한다.

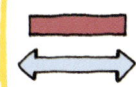
협력 관계
대립 관계

역사 현장 답사

한눈에 보는 대한민국 전쟁의 역사, 전쟁기념관

전쟁기념관 전경

전쟁은 비극이지만, 동시에 역사에서 가장 중요한 사건이기도 해. 전쟁은 역사의 큰 흐름을 바꾸어 버리거든. 그래서 전쟁을 빼고는 역사를 이야기할 수 없지. 하지만 우리가 전쟁을 기억하는 가장 큰 목적은 평화를 위해서라는 점을 잊지 말아야 해. 오늘날 우리가 전쟁기념관을 찾는 목적이기도 하지. 전쟁기념관 앞의 널찍한 광장의 이름도 '평화의 광장'이야.

평화의 광장을 지나 전쟁기념관 안으로 들어가면 가장 먼저 '호국추모실'이 나와. 먼저 여기에 서서 나라를 지키기 위해 목숨을 바친 분들을 생각하며 잠시 묵념을 하는 것은 어떨까? 더불어 전쟁 때문에 무고하게 목숨을 잃는 희생자들이 다시는 없기를 바라는 마음을 가져 보자.

김유신 흉상

'전쟁역사실'에서는 고대부터 조선 시대까지 한반도에서 벌어진 전쟁의 역사를 살펴볼 수 있어. 고구려와 수나라·당나라와의 전쟁, 신라의 삼국 통일 전쟁뿐 아니라 고려 시대와 조선 시대의 전쟁, 가장 최근의 6·25전쟁까지 한눈에 볼 수 있지. 고대에서 현대로 이어지는 무기의 발달사를 볼 수 있는 점도 좋아. 전쟁 무기를 만들 때 과학 기술이 크게 발전하기도 하거든. 이어지는 '6·25전쟁실'은 모두 3개로 나뉘어 있어. 그만큼 많은 전시물들을 통해 6·25전쟁이 왜 일어났고 어떻게 진행되었는지 상세하게 살펴볼 수 있단다.

'옥외 전시장'에는 볼거리가 더욱 많아. 6·25전쟁 때 쓰인 전투기뿐 아니라 세계 각국의 항공기와 장갑차의 내부까지 볼 수 있어. 아울러 6·25전쟁 당시 국군인 형과 북한군 아우가 전쟁터에서 만난 실화를 소재로 만들었다는 '형제의 상'이나, 전쟁과 평화를 상징하는 무기 더미 위에 현재 시간을 가리키는 시계와 6·25전쟁으로 멈춰 버린 시계를 안은 두 소녀의 모습이 표현된 '평화의 시계탑' 같은 기념 조형물도 그냥 지나치지 말고 꼭 한번 보기를 바라.

하지만 우리가 전쟁기념관에서 전쟁사를 배우는 가장 큰 이유는 앞으로 어떻게 하면 전쟁을 피할 수 있는가에 대한 해답을 얻기 위해서라는 것을 잊지 말자. 그래서 기념관 안에 6·25전쟁으로 폐허가 된 한반도의 모습과 민간인들의 피해 상황, 힘든 피난살이 모습을 전시해 놓은 거야.

평화의 시계탑

:: 알아 두기 ::
가는 길   지하철 4, 6호선 삼각지역에서 나와 걸어서 5분.
관람 소요 시간   2시간.
휴관일   매주 월요일.
추천 코스   호국추모실에서 나라를 위해 목숨을 바친 분들을 추모한 뒤, 전쟁역사실에서 한반도 전쟁사를 살펴보고, 6·25전쟁실을 둘러본 다음 옥외 전시장에서 마무리!

11교시
고구려를 뛰어넘은 고구려 후예, 발해

'함화 4년'이 새겨진 불비상

> 고구려의 뒤를 이은 발해의 별명은 '해동성국'이야. '바다 동쪽의 번성한 나라'라는 뜻이지. 그 당시 발해의 영토는 전성기 때의 고구려보다 더 넓었거든. 나라를 잃은 고구려 사람들의 부흥 운동이 제대로 결실을 맺은 셈이로구나. 고구려를 뛰어넘은 고구려 후예, 발해는 과연 어떤 나라였을까?

안녕? 벌써 우리 수업도 열한 번째 시간이네. 시간 참 빠르다, 그렇지? 오늘은 고구려의 뒤를 이은 발해에 대해서 알아보려고 해. 지난 시간에 살펴보았던 고구려 부흥 운동이 결실을 맺어서 발해가 생긴 거야. 당연히 발해는 고구려가 있던 한반도 북부 지방에 자리를 잡았지.

그럼 발해를 공부하기 위해서는 어디로 가야 할까? 북한? 중국? 러시아? 물론 그곳까지 간다면 좋겠지만 다행히 서울에도 발해의 유물과 유적을 볼 수 있는 장소들이 있어. 국립민속박물관과 국립중앙박물관. 오늘은 국립민속박물관에서 시작해 국립중앙박물관으로 자리를 옮겨 역사 현장 수업을 마무리할 거야.

그런데 왜 국립민속박물관이냐고? 경복궁과 나란히 붙어 있는 국립민속박물관 제1전시실에는 아주 특별한 사람의 무덤이 재현되어 있거든. 바로 발해를 건국한 대조영의 증손녀, 정효 공주의 무덤이야. 이 무덤은 지난 1980년에 중국 서고성(현재 지린 성 허룽 시)에서 발견되었는데, 그곳은 발해의 두 번째 수도였지. 그럼 어디, 발해 공주의 무덤을 한번 둘러볼까?

벽돌로 만든 무덤의 가운데에는 관이 있고, 그 주변 벽에 고구려 고분 벽화를 닮은 벽화가 있네. 본래 칼을 든 무사와 악기를 든 악사 등 모두 12명의 인물들이 빙 둘러서서 관을 지키고 있는데, 국립민속박물관에서는 그중 4명의 모습을 볼 수 있단다.

그림 속 인물들을 한번 살펴보자. 뭔가 특이한 점이 없니? 귀띔을 하나 하자면 인물들의 얼굴을 잘 살펴볼 것! 이제 알겠어? 그래, 모

국립민속박물관에 재현해 놓은 정효 공주 무덤 내부

두 수염이 없어. 게다가 하나같이 입술이 붉고, 눈썹이 가늘고 예쁘지. 그래서 많은 학자들은 이들이 모두 남자 복장을 한 여성이라고 생각해. 기록에 따르면 발해 여성들은 활달하고 기운찼다고 전해지거든. 남장을 한 여자 무사가 쇠몽둥이를 들고 무덤을 지키는 나라. 상상만 해도 신기하지 않니?

남북국 시대가 열리다

이제 장소를 국립중앙박물관으로 옮겨서 발해에 대해 본격적으로 알아보자. 국립중앙박물관에는 발해의 유물과 유적을 전시한 발해실이 따로 있거든. 멋진 유물들을 둘러보기 전에 발해가 세워지는 과정을 먼저 살펴볼까?

> 신라의 삼국 통일 이후, 당나라는 고구려 땅을 직접 다스리고자 당나라에 저항하는 고구려 유민들을 강제로 이곳저곳에 옮겨 살게 하였다. 고구려 장수였던 대조영은 고구려 유민들과 말갈족을 거느리고 당나라에 맞섰다. 대조영은 무리를 이끌고 동모산 근처에 도읍을 정하고 발해를 건국하였다.

발해를 세운 대조영은 원래 고구려의 장수였어. 그 역시 고구려가 망하자 유민이 되어 아버지와 함께 당나라의 영주라는 곳으로 끌려가게 되었단다. 그러다 영주에서 거란족의 반란이 일어나자,

대조영은 고구려 유민과 말갈족을 이끌고 당나라에 맞선 거야.

그런데 왜 고구려 유민의 싸움에 말갈족이 함께했을까? 이건 좀 설명이 필요한 부분이구나. 말갈족은 거란족과 함께 옛날부터 고구려 가까이 살던 민족이야. 이들은 나라를 이룰 만큼 힘을 키우지 못하고 중국의 수나라와 당나라 그리고 고구려의 지배를 받고 있었지. 이들 가운데 고구려의 지배를 오래 받아 자신들을 고구려 백성이라 여겨 온 사람들이 고구려 유민들과 함께 당나라에 맞선 거란다.

하지만 당나라는 만만한 상대가 아니었어. 시간이 가면서 당나라의 공격은 더욱 거세졌지. 이대로 가다간 패할 것이 분명했어. 그러자 대조영은 자신을 따르는 고구려 유민과 말갈족을 모아 놓고 이야기했어.

"나는 옛 고구려의 동쪽 땅에 새 나라를 세우려고 한다. 여기서 동쪽으로 가면 당나라의 힘이 미치지 않는 땅이 있다. 그곳에 나라를 세운다면 틀림없이 성공할 것이다!"

물론 쉽지 않은 결정이었어. 옛날, 고구려를 세웠던 주몽처럼 친구들 몇 명과 떠나는 것이 아니니까. 수만 명에 이르는 고구려 유민과 말갈족 중에는 여자와 어린아이도 많았거든. 하지만 여기에 계속 있으면 당나라의 지배를 받을 수밖에 없으니 목숨을 걸고 길을 떠난 거야. 이때부터 추격해 오는 당나라 군사들과 싸우면서 이동한 거리가 무려 500킬로미터. 마침내 대조영은 백두산 북쪽의 동모산(현재 중국 지린 성 둔화 시) 근처에 도읍을 정하고 새로운 나라, 발해를 세웠단다. 고구려가 망하고 꼭 30년이 흐른 698년의 일이야. 대조영의 뒤를 이은 무왕은 발해가 고구려의 뒤를 이은 나라라는 사실을 주변 나라들에 분명히 알렸어.

지도를 잠깐 볼까? 한반도 남쪽에 신라가 있고, 북쪽으로 널따랗게 발해가 자리 잡고 있구나. 발해의 영토는 전성기 때의 고구려보다 훨씬 크단다. 역사학자들은 발해와 신라가 한반도의 북쪽과 남쪽을 차지하고 있던 이 시기를 '남북국 시대'라고 불러. 그리고 이 시기의 신라를 삼국 시대의 신라와 구분하기 위해서 '통일 신라'라고 하지. 우리 역사는 고구려, 백제, 신라가 맞섰던 삼국 시대에서 통일 신라와 발해가 함께 있던 남북국 시대로 접어들게 된 거야.

고구려보다 넓은 해동성국

국립중앙박물관의 발해 유물을 살펴보자. 발해실 한가운데에 자리 잡은 꽤 큰 유물이 먼저 눈에 들어오네. 유물의 이름은 '짐승 얼굴 기와'. 금방이라도 튀어나올 것 같은 눈, 크게 벌린 입에 날카롭게 튀어나온 송곳니, 뾰족한 머리의 뿔까지 무시무시한 모습이야. 기와의 크기를 보니 건물이 꽤 컸을 것 같아. 한반도 북쪽 대륙을 지배한 발해의 힘찬 기상이 느껴지는걸. 구석에 넓은 자리를 차지한 '용머리상'도 무시무시하기는 마찬가지구나.

짐승 얼굴 기와와 용머리상은 모두 발해의 수도 중 하나였던 상경에서 나온 유물이야. 당시 동아시아에서 상경은 당나라 수도 장안 다음으로 큰 도시였단다. 얼마큼 컸냐고? 상경에서 발견된 석등(돌로 만든 등)의 높이가 6미터를 넘는다니 이걸로 미루어 짐작할 수 있겠지?

우리가 지키는 한 사악한 기운은 얼씬도 못 한다!

짐승 얼굴 기와(왼쪽)와 용머리상(오른쪽)

상경은 가장 오랜 기간 동안 발해의 도읍이었다. 상경 부근에는 넓은 평야가 있어 농사짓기에 좋았다. 또 상경을 중심으로 여러 교역로가 발달하여 이를 통해 당, 거란, 신라와 일본뿐 아니라 중앙아시아에 이르는 다양한 나라들과 교류하였다.

대조영이 처음 발해를 세우고 도읍으로 삼은 곳은 동모산 근처였어. 산 위에 산성을 쌓았는데 아무래도 많은 사람들이 살기에는 불편했지. 그래서 제2대 무왕은 도읍을 중경으로 옮겨. 무왕의 뒤를 이은 문왕은 중경에서 다시 상경으로 도읍을 옮기고. 그 뒤로도 상경에서 동경으로, 다시 상경으로 도읍을 옮기니 모두 네 번이나 수도를 옮긴 셈이 되는구나. 발해가 이렇게 자주 수도를 옮긴 까닭은 짧은 시간 동안 영토가 빠르게 커졌기 때문일 거야. 그중에서도 농사짓고 교역하기에 좋았던 상경을 가장 오랫동안 수도로 삼았단다.

발해 흥룡사 석등

어제의 적과 손을 잡다

발해의 수도 상경을 중심으로 여러 교역로가 발달했다는데, 그럼 발해는 어느 나라와 교역을 한 것일까?

놀라지 마. 발해가 가장 활발하게 교역한 나라는 당나라였어. 어떻게 고구려를 멸망시킨 원수와 친하게 지낼 수 있느냐고? 물론 발해를 세우고 처음에는 당나라와 사이가 안 좋았어. 하지만 언제까지나 이웃 나라와 싸울 수는 없잖아? 또한 발해 입장에서는 이미 고구려 땅을 거의 다 회복한 이상 굳이 당나라와 계속해서 적으로 지낼 필요가 없었지. 게다가 당시 당나라는 동아시아에서 가장 앞선 문화를 누리는 나라였거든. 당나라의 문물을 적극적으로 받아들이는 것은 발해의 발전에도 도움이 되는 일이었어. 그래서 발해는 당나라와 교역을 하고 당나라에 유학생을 보내기도 했단다.

옆의 지도를 보면 발해가 교류했던 나라들을 알 수 있어. 우선 조금 전에 이야기했던 당나라로 가는 통로는 '영주도'와 '압록도' 2개나 있네. 상경에서 요동성을 거쳐 가는 육지 길과 서안평에서 서해를 건너는 바닷길. 역시 이웃 나라 중에서 가장 활발히 교류한 곳은 당나라였군. 부여부를 통해서 북방 유목 민족인 거란과도 교류했고, 동해를 통해 일본과도 외교 관계를 맺었네.

발해와 일본이 교류했다는 증거는 국립중앙박물관 발해실에서도 찾을 수 있어. 비석을 닮은 판에 불상과 글씨를 새겨 넣은 불비상('함화 4년'이 새겨진 불비상)이 바로 일본에서 발견된 발해 유물이야. 우리 책 198쪽에 있는 바로 그거!

여기에는 '834년(함화 4년) 발해 허왕부의 관리였던 조문휴의 어머니가 불제자들을 위해 만들었다.'는 내용의 글이 새겨져 있어. 여기서 '허왕부'라는 말은 '허왕이 다스리는 지역'을 가리켜. 발해 안에 허왕부가 있었다는 건 발해에는 왕이 여럿이고 그 위에 황제가 있었다는 이야기가 돼. 다시 말해 발해는 왕이 아니라 황제가 다스리는 나라였다는 거지. 그런데 발해는 정말 황제의 나라였을까? 일본에서 발견된 이 유물과 오늘날 남아 있는 몇몇 유물에서 발해는

황제가 다스리는 나라임을 의미하는 글귀를 발견할 수 있단다. 적어도 발해 스스로는 황제국이라는 것을 분명하게 밝힌 거지.

다시 207쪽 지도를 보자. 일본 말고 남쪽으로 뻗은 발해의 교역로는 어디를 향하고 있니? 그래, 신라를 향하고 있어. 그렇다면 발해는 고구려를 멸망시킨 신라와도 교류를 했다는 이야기네. 하긴, 당나라와도 관계를 회복한 마당에 굳이 신라한테만 문을 걸어 잠글 필요는 없었겠지. 그래도 신라와의 교류 기록이 당나라나 일본과 비교해서 훨씬 적은 걸 보면 발해 사람들 마음속에 신라에 대한 앙금이 오래 남아 있었던 것 같아. 당나라에 같이 도착하게 된 발해와 신라의 사신들이 서로 앞자리를 차지하기 위해 신경전을 벌였다는 기록도 남아 있어.

 **고구려를 이은 나라를 세운 대조영과 왕건**

발해와 앞으로 등장할 고려는 모두 고구려를 이어받은 나라들이야. 그래서인지 이 나라들을 세운 대조영과 왕건도 닮은 점이 많단다. 먼저 처음부터 나라를 세운 것이 아니라 혼란한 시대에 등장해 차츰 자기 세력을 키웠다는 점이 같아. 대조영은 거란의 반란을 틈타 당나라와 맞서 싸우기 시작했고, 왕건은 후고구려의 신하로 시작해서 결국 새로운 나라를 세우지. 아버지의 뒤를 이었다는 점도 닮았어. 당나라와의 싸움을 먼저 시작한 것은 대조영의 아버지였고, 후고구려의 신하가 된 것도 왕건의 아버지가 먼저였어. 둘 다 아버지에게서 물려받은 세력을 더욱 키워서 나라를 세운 것이란다.

발해 멸망과 사라진 만주

　어제의 적과도 손을 잡는 열린 자세 덕분이었을까? 발해는 건국 100여 년 만에 전성기를 맞고 '해동성국'이라 불리기 시작했단다. 수도인 상경에 6미터가 넘는 석등을 만든 것도 이때의 일이었어. 발해의 도시들은 사람들로 붐볐고, 이웃 나라에서 들여온 물건들이 넘쳐났지. 하지만 다시 100년 가까운 시간이 흐른 뒤, 발해는 결국 마지막을 맞이하고 말았어(926년).

　이번에도 당나라 때문이었냐고? 아니, 당나라는 발해보다도 먼저 멸망해 버렸어. 발해가 망하게 된 까닭은 거란의 침략 때문이란다. 하지만 거란족은 나라를 못 만들 정도로 약한 민족이 아니었냐고? 맞아. 그런데 당나라가 사라지자 이 나라의 지배를 받던 민족들이 힘을 얻기 시작했어. 그중에서도 거란은 요나라를 세우고 중국 땅까지 넘볼 정도로 힘을 키웠단다. 반면에 발해는 혼란이 계속되었어. 정확한 이유는 알 수 없지만, 거란과 전쟁을 벌이기도 전에 발해의 관리들이 주변 나라로 도망쳤다는 기록이 있는 걸 보면 얼마나 혼란스러웠는지 짐작할 수 있지. 고구려가 망한 것은 연개소문 아들들의 권력 다툼 때문이었고, 백제가 멸망한 것은 의자왕의 잘못이 컸고……. 이렇게 한 나라가 망하는 이유는 외부의 침략뿐 아니라 내부의 혼란 때문이기도 하단다.

　그런데 이 당시에는 통일 신라도 극심한 혼란을 겪고 있었어. 통일 신라에 반기를 든 후고구려, 후백제와 함께 '후삼국 시대'가 시작되었거든. 후고구려는 이때 이미 왕건이라는 인물이 정권을 잡

으면서 나라 이름을 고려로 바꾼 상태였지. 이름에서도 알 수 있듯이 고려는 고구려를 잇는다는 생각을 하고 있었고, 그렇기 때문에 발해와는 사이가 좋았어. 후삼국 시대에 대한 이야기는 다음 권에서 자세히 해 줄게.

아무튼 그렇게 고려가 세워지고 8년 만에 갑자기 발해가 망해 버린 거야. 발해의 왕과 왕비뿐 아니라 많은 백성들이 요나라로 끌려갔어. 이를 피해서 발해의 세자를 비롯한 많은 이들이 고려로 도망쳐 왔단다. 고려는 발해 유민들을 반갑게 맞아 주었지.

요나라에서 살게 된 발해 유민들은 그 뒤로도 끈질기게 발해 부흥 운동을 일으켜. 발해가 멸망하고 200년 뒤까지도 이런 운동이 일어났다는 기록이 있을 정도야. 하지만 모든 반란과 부흥 운동은 실패하고 말았지.

결국 우리 민족은 발해를 마지막으로 만주를 포함한 한반도 북쪽 지역에 대한 영향력을 잃게 되었어. 아쉽다고? 정말 그렇지. 그런데 여기서 끝이 아니야.

최근에 중국은 발해뿐 아니라 고조선, 고구려의 역사까지도 중국의 역사라고 주장하고 있어. 이런 주장을 담은 역사 연구가 지난번에 이야기한 '동북공정'이지. 이런, 발해 이후로 한반도 북쪽 땅을 잃은 것도 안타까운데 이제는 역사마저 도둑맞게 생겼네. 그렇게 되지 않으려면 우리 역사를 똑바로 아는 게 엄청 중요하겠지?

다음 중 발해에 관한 설명으로 옳은 것은?

① 고구려가 멸망하고 30년 후 대조영이 동모산에 세운 나라다.
② 건국 200여 년 후 한창 세력을 키우던 말갈족에게 멸망되었다.
③ 고구려를 멸망시킨 신라와는 교류하지 않았다.
④ 도읍을 상경으로 정하고 망할 때까지 수도를 옮기지 않았다.

정답 | ①번. 발해는 거란족에게 멸망되었고, 신라와도 교류했고, 도읍을 네 번 옮겼어.

 역사 현장 답사

한국인의 일상, 한국인의 일생! 국립민속박물관

국립민속박물관 전경

 발해의 정효 공주 무덤을 보기 위해 찾은 국립민속박물관은 한반도에서 살아간 사람들의 생활을 가장 잘 볼 수 있는 곳이야. 발해뿐 아니라, 멀리 선사 시대부터 가까이는 몇십 년 전까지 일상생활과 관련된 유물들을 전시하고 있지. 가장 먼저 눈에 띄는 것은 박물관 건물이야. 경복궁과 나란히 있는 탓일까? 전통 건축 양식으로 지어서 언뜻 보면 궁궐 건물 중 하나로 보이네. 그도 그럴 것이 이 건물은 불국사 청운교, 법주사 팔상전, 화엄사 각황전 등 우리나라를 대표하는 전통 건축물의 특징을 하나씩 따다가 종합한 건물이거든. 그런데 그런 특징들을 한 건물에 몽땅 담아 놓으니 조금 어색해 보이기도 해.
 안에 있는 전시물들은 아주 재미있고 친근해. 다른 박물관들이 무언가 거창한 이야기를 들려준다면 이곳은 주로 '일상생활'을 다루고 있으니까. 일하고, 먹고, 자야 하는 생활은 그때나 지금이나 똑같으니, 옛날 생활과 지금 생활을 비교해 보는 재미도 있지. 옛날 결혼식이나 서당 모습을 그대로 재현해 놓은 것도 오늘날 사람들의 이해를 돕고 있어. 어린아

박물관이 따로 있는 것도 장점이야. 마치 옛날이야기의 한 장면 속으로 들어간 듯 그 당시의 생활을 그대로 체험할 수 있게 꾸며 놓았거든. 여기서는 전시뿐 아니라 풍물, 민속놀이 등 다양한 교육도 받을 수 있어. 홈페이지(kidsnfm.go.kr)를 통해 미리 신청하면 돼.

박물관 안을 구체적으로 살펴볼까? 제1전시실인 '한민족 생활사'에서는 학교에서 배운 한국사를 생활사 중심으로 보여 주고 있어. 예를 들어 선사 시대의 경우에는 사용하는 도구에 따라 일상생활이 어떻게 변했는지를 알려 주지. '신석기 시대가 되면서 낚시 도구가 발달해 강가에서 정착 생활하는 것이 가능해졌다.' 하는 식으로 말이야. 어때? 우리가 함께 봤던 내용과 비슷하지?

봄, 여름, 가을, 겨울로 구성된 제2전시실의 '한국인의 일상'을 이해하기 위해서는 먼저 농촌의 생활을 알아야 해. 봄에 씨를 뿌려, 여름 내내 가꾸고, 가을에 수확한 뒤, 겨울에는 다시 내년 농사를 준비하는 생활 말이야. 신석기 시대에 농사가 시작된 후, 불과 100년 전까지도 한국인의 일상생활은 철저히 농사 주기에 맞춰 이루어졌거든. 그러니 박물관에 가기 전에 미리 농사짓기에 대해 알아보는 것도 좋겠다.

제3전시실인 '한국인의 일생'에서는 조선 시대 사람들이 태어나 죽을 때까지 겪게 되는 중요한 과정들을 소개하고 있어. 여기는 나중에 조선 시대에 대해 살펴볼 때 다시 오게 될 거야.

위에서부터 차례로 제1전시실, 제2전시실, 제3전시실

:: 알아 두기 ::

가는 길	지하철 3호선 경복궁역 5번 출구로 나오면 걸어서 10분.
관람 소요 시간	2시간.
휴관일	매주 화요일, 1월 1일.
추천 코스	야외 전시실에서 전통 한옥과 마을 구경을 하고, '한민족 생활사' '한국인의 일상' '한국인의 일생' 순서로 보면 돼.

12교시
다양한 문화가 어우러져 꽃피다

경주 월지, 국립경주박물관

> 통일 신라와 발해의 공통점은? 여러 나라와 민족이 한 나라를 이루었다는 것!
> 통일 신라에는 고구려와 백제 사람이 합류했고, 발해에는 고구려 유민과
> 말갈족이 합류했지. 이렇게 다양한 나라와 민족의 문화가 합쳐져 새로운 문화를
> 만들어 냈어. 하지만 그 한편에는 엄격한 신분 제도가 깔려 있었단다.

이번 시간은 옛날이야기로 시작해 볼까?

옛날 통일 신라 어느 마을에 아주 똘똘한 소년이 살았어. 얼마나 똘똘했느냐 하면 한 번 들은 것은 잊는 법이 없고, 한 번 읽은 것은 줄줄 욀 정도였지. 무엇이든 배우는 속도가 어찌나 빨랐던지 얼마 안 가 그 나라 안에는 소년이 배울 것이 더 이상 남아 있지 않았대. 그래서 열두 살 되던 해에 소년은 멀리 중국 당나라로 유학을 떠나게 되었어. 한반도 최초의 조기 유학생이라고 할까? 그런데 그 아버지 또한 자식 공부에 욕심이 많아서 석 달 뱃길을 떠나는 어린 아들에게 "앞으로 10년 안에 당나라 과거에 합격하지 못하면 넌 내 아들이 아니다."라고 말했대, 글쎄.

당나라에 도착한 소년은 그 나라 최고의 학교인 국자감에 입학했

어. 그곳에는 소년처럼 세계 각지에서 온 유학생들이 많이 있었대. 이들은 모두 빈공과라는 과거 시험을 준비했어. 빈공과는 당나라에서 외국 학생들을 대상으로 치르는 과거 시험이었거든. 이 시험에 합격하면 당나라 관리가 되었지. 그러다 자기 나라로 돌아가면 출셋길이 활짝 열렸어. 하지만 많은 사람들과 경쟁해 시험에 합격하는 게 얼마나 어려운 일이겠어? 그런데 소년은 국자감에 입학한 지 6년 만인 열여덟 살에 당당히 빈공과에 합격해서 당나라의 관리

가 되었지. 이 소년의 이름은 바로 최치원! 통일 신라 최고의 천재라고 일컬어지는 사람이야.

이 이야기는 전부 그냥 옛날이야기냐고? 천만의 말씀. 모두 사실이야. 최치원의 아버지가 당나라로 떠나는 열두 살짜리 아들에게 한 말도 『삼국사기』에 그대로 나와 있어. 젊은 나이에 당나라에서 관리로 활약하던 최치원은 조국을 못 잊어 통일 신라로 돌아와. 하지만 그를 기다리는 것은 출셋길이 아니었어. 그는 성골이나 진골 귀족이 아니라 6두품에 불과했거든. 성골, 진골, 6두품이 다 뭐냐고? 신라 사람들이 태어나면서부터 얻게 되는 신분들이지. 이 제도를 모르고는 신라 사람들의 생활을 이해할 수 없어.

뼈에도 등급이 있다: 신라 골품제

삼국 통일 이전부터 신라에는 엄격한 신분 제도인 골품제가 있었어. 지난번에 신분 제도를 설명하면서 지배층은 귀족, 피지배층은 평민과 노비였다는 이야기를 했지? 이렇게 삼국 시대의 기본 신분은 귀족, 평민, 노비로 이루어져 있었어.

그런데 귀족이라고 해도 모두 같은 귀족이 아니었단다. 귀족도 더 높은 귀족과 낮은 귀족이 있었지. 어째서냐고? 귀족이 만들어지는 과정을 생각해 보면 이해가 쉬워.

처음에는 작은 마을이나 부족에서 지배층과 피지배층, 그러니까 귀족과 평민의 구별이 생겼어. 그러다 부족들이 합쳐져 나라를 이루고, 작은 나라들이 하나가 되어 큰 나라를 이루면서 귀족에도 등급이 생겨. 백제와 신라 모두 삼한의 작은 나라들 중 한 나라에서 출발해 다른 나라들을 정복하면서 커졌다고 한 것, 기억나니? 이 과정에서 정복당한 나라의 지배층도 귀족으로 인정해 주었지만, 정복한 나라의 귀족과는 차별을 두었지. 이런 일이 반복되면서 귀족의 등급을 복잡하게 나눈 것이 바로 골품제야. '골품'을 글자 그대로 해석하면 '뼈의 등급'이라는 뜻이야. 그러니 골품제란 뼈의 등급에 따라 사람의 신분이 정해지는 제도지. 신라 사람들은 태어나면서부터 골품제에 따라 여러 등급의 신분으로 나뉘었어.

그렇다면 구체적으로 신분을 어떻게 나눌까? 골품제는 귀족의 신분을 모두 8개로 나누어. 너무 복잡하다고? 뭐, 그렇게 어렵진 않아. '성골, 진골, 6두품, 5두품, 4두품, 3두품, 2두품, 1두품'이거든. 이 중 1~3두품은 곧 평민과 비슷한 처지가 되었으니 통과. 중요한 건 성골, 진골과 나머지 두품 간의 차이야. 성골과 진골은 왕이 될 수 있는 귀족이지. 그러니까 출세에 제한이 없어. 하지만 나머지 두품들은 최고로 올라갈 수 있는 벼슬이 제한되었지. 골품제 때문에 능력이 있어도 관직에 오르지 못하는 사람들이 있었던 거야. 벼슬뿐 아니라 집 크기, 옷 색깔, 장신구까지 엄격한 제한이 있었어. 예를 들어 6두품은 위로부터 여섯 번째 관직인 아찬보다 높은 벼슬에 오를 수 없었고, 자주색 옷 또한 입을 수 없었단다.

앞에서 이야기한 최치원도 예외가 아니었어. 그

이럴 수가! 뼈에도 등급이 있다니….

신라의 골품 제도

는 6두품이었거든. 아무리 당나라 빈공과에 급제하고 그곳에서 관리로서 뛰어난 활약을 보였다고 해도 신라에서 그의 벼슬은 아찬 이상이 될 수 없었어. 최치원은 당시 위태로운 나라 상황을 바로잡기 위해서 임금에게 개혁안을 올리기도 했지만 귀족들의 반대로 실현되지 못했어. 좌절한 최치원은 벼슬길을 그만두고 전국을 떠돌다가 생을 마쳤지. 천재 소년의 마지막이 참 쓸쓸하게 느껴지는구나.

 **우리나라에만 신분 제도가 있었을까?**

고대의 신분 제도가 우리나라에만 있었던 건 아니야. 세계 어디에나 비슷한 신분 제도가 있었지. 모두가 청동기 시대를 거치면서 지배층과 피지배층이 생겨나는 경험을 했으니까. 모든 시민이 직접 법을 만드는 데 참여해서 민주주의 사회의 원조가 된 고대 그리스에도 신분 제도는 있었어. '시민'은 모두 평등했지만, 전체 인구의 10퍼센트에 불과했거든. 그들은 시민이라기보다 귀족에 더 가까웠지. 사회의 맨 하층에는 노예가 있었고, 시민과 노예의 중간에 외국인과 여성이 있었어. 고대 그리스의 여성은 시민의 권리가 없었지. 고대 로마의 신분 제도는 신라와 더 비슷해. 귀족, 평민, 노예로 나뉘었으니까. 중국과 일본에도 이와 비슷한 신분 제도가 있었단다.

주사위를 굴려 노래하고 술 마시기

통일 신라 사람들의 생활을 조금 더 구체적으로 알아보자. 우선 귀족의 호화로운 생활부터.

 귀족들은 대부분 도읍인 금성(경주)에 살면서 대대로 물려받거나 국가에서 받은 토지와 함께 많은 노비를 거느렸다.

또한 귀족들은 사병을 거느렸어. '사병'은 사적인 병사, 그러니까 귀족 개인이 거느리던 병사를 말해. 지금이야 개인이 군대를 가지는 게 불법이지만 옛날에는 흔히 있는 일이었단다. 나라가 어지러워지면 귀족들이 사병을 데리고 반란을 일으키기도 했지. 이런 사병들을 평소에 먹이고 입혔으니 얼마나 돈이 많았겠어? 귀족들의 부유한 생활을 짐작할 수 있지.

귀족들의 호화 생활을 가장 잘 볼 수 있는 곳은 경주 월지야. 이곳은 통일 신라 때 왕궁 안에 만든 연못인데, 귀한 손님을 대접하거나 나라에 행사가 있을 때 왕이 잔치를 열던 곳이지. 그러면 귀족이 아니라 왕의 호화 생활 아니냐고? 전에 말했듯 왕 역시 귀족의 한 사람이야. 신라라면 성골, 진골 귀족의 한 사람인 거지. 월지에서는 왕과 귀족들이 함께 즐겼단다.

월지에 들어서면 널따란 연못 위로 커다란 정자 같은 건물이 보이는데 참 멋스러워. 이곳은 지금도 여름이면 관광객들로 발 디딜 틈이 없을 정도야. 보기만 해도 좋은데 여기서 음악을 듣고, 춤을

경주 월지에서 나온 주사위

추면서 재미나게 노는 건 얼마나 즐거웠을까?

월지에서는 수많은 유물들이 나왔고, 그것들은 국립경주박물관 '월지관'에 전시되어 있어. 얼마나 많은 유물이 나왔기에 전시관 하나를 차지하느냐고? 모두 3만 점 이상. 그중 300여 점의 유물들을 월지관에서 만날 수 있지. '월지'는 '달 모양의 연못'이라는 뜻으로, 예전에는 안압지라 부르기도 했어. '기러기와 오리의 연못'이라는 뜻을 가진 안압지는 훗날 이곳이 폐허가 되었을 때 기러기들과 오리들이 찾아들어서 조선 시대에 붙여진 이름이라고 해.

월지에서는 재미난 주사위도 나왔단다. 보통 주사위처럼 6면이 아니라 14면인데, 거기에 글자들이 새겨져 있어. '술 석 잔 한 번에 마시기' '여러 사람이 코 때리기' '소리 없이 춤추기' '얼굴을 간질여도 꼼짝 않기' 등……. 통일 신라 귀족들, 참 재미나게도 놀았네. 이렇게 주사위를 몇 번 굴리고 나면, 처음 본 사이라도 금세 친해지겠다. 여러분도 이런 주사위를 만들어서 친구들이랑 같이 놀고 싶지 않아? 이 주사위도 물론 월지관에 있어. 어디에 있는지 한번 찾아보렴.

귀족들은 이렇게 호화롭게 살았는데, 그렇다면 평민들은 어떻게 살았을까?

📖 <u>귀족의 토지를 빌린 평민들은 농사를 짓고 생산량의 반 이상을 귀족에게 바쳤다. 국가에 벼나 콩으로 세금을 내고, 군사 훈련이나 궁궐, 성곽을 짓는 데 동원되었다.</u>

삼국 통일 후 대다수가 농민이었던 평민들의 생활은 별로 달라지지 않았단다. 가뭄이 들면 굶주리기도 하고 귀족들의 횡포에 시달

토우 장식 목항아리

리기도 했어. 하지만 시간이 날 때마다 춤추고 노래하며 신나게 지냈지. 신라 사람들이 만든 토우(흙으로 빚은 인형)를 한번 보렴. 삼국 통일 전에 만들어진 유물인데, 익살스러운 표정으로 먹고, 마시고, 춤추고, 노래하는 모습을 보니 이때 사람들이 참 즐겁게 살았던 것 같지? 그러니 통일 신라 때 평민들의 모습도 미루어 짐작할 수 있을 거야.

경주는 부처님의 나라

지난번에 경주 남산을 둘러보면서 신라 사람들이 얼마나 열심히 불교를 믿었는지 살펴보았지? 삼국을 통일한 뒤에는 그 믿음이 더욱 강해졌단다.

📖 삼국을 통일한 신라는 부처의 나라를 꿈꿀 정도로 불교를 중시하였다. 원효, 의상 등 여러 뛰어난 승려들이 활약하여 사람들이 불교 사상을 폭넓게 이해할 수 있는 기반이 마련되었다.

왕과 귀족의 입장에서는 자기가 다스리는 백성들이 모두 부처님을 열심히 믿고, 동시에 자신을 부처님처럼 믿고 따른다면 더 이상 바랄 것이 없었을 거야.

그런데 불교는 스스로 인생의 진리를 깨달아야 하는 종교였어. 평범한 백성이 진리를 깨치는 것은 쉽지 않았지. 스님들처럼 수행에 전념할 수도 없는 노릇이고. 그러니 백성들이 선뜻 불교를 받아들이기는 쉽지 않았어. 이때 등장한 분이 원효 대사야. 그는 보통 사람도 쉽게 이해하고 실천할 수 있는 불교인 '정토종'을 만들었단다.

정토종의 주장은 간단해. 누구나 '나무아미타불'만 외면 죽어서 극락(천국)에 간다는 거

원효 대사

야. 부처님에 대한 깊은 믿음만 있으면 이제 누구든지 극락에 갈 수 있게 되었어! 그 덕분에 불교는 사람들에게 더욱 친근한 종교가 되었단다.

왕과 귀족들은 불교를 더욱 널리 퍼뜨리기 위해서 부처를 모시는 절, 불상, 탑을 만들었어. 그리하여 오늘날 우리나라 불교 예술을 대표하는 작품들이 이 시기에 만들어졌단다. 불국사, 석굴암, 성덕 대왕 신종(에밀레종) 그리고 불국사 안에 있는 다보탑과 석가탑 등이 그것이지.

석굴암은 석굴 모양의 절이야. 안에는 석가모니 부처가 모셔져 있고 주변에는 많은 조각상들이 새겨져 있어. 당시 신라 석공들의 정교함과 뛰어난 예술성을 엿볼 수 있지. '석굴 모양의 절'이 뭐냐고? 말 그대로야. 큰 바위에 굴을 파고 그 안에 절을 지은 게 아니라, 돌로 굴 모양의 절을 만들고 그 위에 잔돌들을 쌓아 올려 인공 석굴을 완성한 것이지. 관과 여러 껴묻거리들(시체와 함께 묻는 물건들)이 들어갈 공간을 돌로 쌓아 만들고, 그 위에 잔돌을 쌓아 올린 다음 흙을 덮어 만든 신라의 왕릉과 비슷해. 지금도 석굴암은 위에 잔디가 덮여 있어서 언뜻 보면 왕릉처럼 보여. 그런데 석굴암의 원래 이름은 '석불사'였어. 나무로 만든 절과는 모양새가 완전히 다른, '돌로 만든 절'이었던 거야. 이런 절은 세계적으로도 드물지. 석굴암의 공간 구조 역시 건축학적으로 독특하고 완벽

우아~ 정말 멋지다!

석굴암 본존불

통일 신라의 불교 예술

이 다리만 오르면 부처님의 나라~

깨달음에 이른 사람만이 오르내리던 다리래.

불국사 신라 불교 미술을 대표하는 아름다운 절이다. 불국사 대웅전과 극락전에 오르는 길로 서쪽에 연화교와 칠보교, 동쪽에 백운교와 청운교가 있다.

이 종을 만들 때 뜨거운 쇳물에 어린아이가 들어가서, 종을 칠 때마다 '에밀레~' 하고 어머니를 부른다는 전설이 있어.

성덕 대왕 신종 봉덕사종, 에밀레종이라 불리기도 한다.

다보탑 불국사 대웅전 앞에 있는 석탑이다.

석가탑 불국사 대웅전 앞에 다보탑과 마주보고 있다. 정식 이름은 '경주 불국사 삼층석탑'이다.

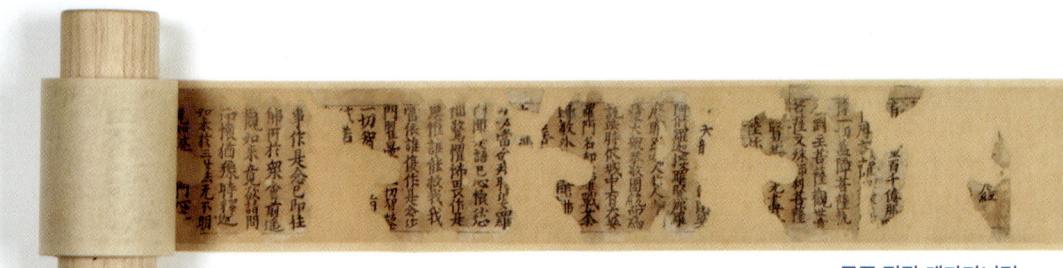

무구 정광 대다라니경

한 아름다움을 보여 준단다. 또한 석굴암 안에 있는 불상과 그 제자들의 조각상은 예술적으로도 매우 뛰어나다고 평가받아. 석굴암은 불국사와 함께 유네스코 세계 문화유산으로 등록되었어.

통일 신라의 불교 유물에는 사찰, 탑, 불상만 있는 게 아니야. 부처님의 가르침을 널리 퍼뜨리기 위한 불경도 있지. 그중에서도 불국사 석가탑을 보수하다가 우연히 발견된 『무구 정광 대다라니경』은 세계에서 가장 오래된 목판 인쇄물이야. 목판 인쇄란 나무에 글씨를 새긴 후 먹물을 바르고 종이에 찍어 낸 것이지. 이 불경에는 마음속으로 부처님을 생각하면서 불경을 열심히 외우면 큰 복을 받는다고 쓰여 있대.

추위를 이긴 발해 사람들

통일 신라 사람들이 부처님의 나라를 만들려 애썼다면, 통일 신라와 함께 남북국 시대를 이끌었던 발해 사람들은 어떻게 살았을까?

 발해는 고구려 문화를 바탕으로 독자적인 문화를 만들었다.

발해는 고구려를 이어받아 옛 고구려 땅에서 살았으니 당연히 생활도 고구려와 비슷할 수밖에 없었어. 하나씩 차근차근 살펴볼까?

발해 사람들은 고구려 사람들과 마찬가지로 불교를 믿는 사람들이 많았어. 지난 시간에 국립중앙박물관 발해실에서 봤던 유물들을 떠올려 보면 쉽게 알 수 있지. 일본에서 발견되었다는 불비상도 봤고. 또 6미터가 넘는다는 석등에는 불교의 상징인 연꽃 문양이 있었어.

아, 왜 연꽃이 불교의 상징이냐고? 연꽃은 더러운 진흙 속에서도 아름답게 피어나는데, 이런 모습이 어지러운 세상 속에서도 맑은 지혜를 간직한 사람(부처)의 모습과 닮았다고 해. 그래서 연꽃은 불교의 상징이 되었대. 요즘도 '부처님 오신 날'(음력 4월 8일)에 연꽃 모양의 연등을 다는 까닭을 알겠지?

발해는 추운 지역이기 때문에 일부 지역에서만 벼농사를 지었어. 벼는 더운 지역일수록 잘 자라거든. 그러니 벼 대신 조, 보리, 수수 같은 곡식을 길렀지. 농사로는 충분히 먹을 만큼의 식량을 생산할 수 없어서 목축과 사냥이 발달했단다. 추운 지방이니 고구려 사람들이 사용했던 뛰어난 난방 장치인 온돌을 사용하기도 했어.

또 추운 지역에 살았기 때문에 가죽옷을 만들어 입었어. 여기에 하나 더. 발해는 짐승의 가죽 중에서도 특히 질 좋은 담비 가죽으로 유명했다는구나. 담비는 여우와 비슷하게 생긴 동물인데 예로부터 모피의 대명사인 밍크를 능가하는 최고의 모피 동물로 꼽혀 왔어. 처음 일본으로 건너간 발해 사신은 담비 가죽을 300장이나 가져갔

단다. 이런 기록을 보면 발해 사람들이 동물을 사냥해서 가죽을 만드는 기술이 뛰어났다는 것을 충분히 짐작할 수 있을 거야.

 **돌발 퀴즈**

다음 중 통일 신라 시대의 불교 유물과 유적이 아닌 것은?

① 석굴암 ② 불국사
③ 성덕 대왕 신종 ④ 부여 정림사지 오층석탑

정답 | ④번. 부여 정림사지 오층석탑은 백제 시대 석탑으로, '백제 오층석탑'이라고도 해. 탑의 비례가 조화로워 그 형태가 안정감 있고 무척 아름답지. 정림사는 백제 때 세워졌다가 오래전에 사라지고 지금은 터만 남아 있단다.

역사 현장 탐사

천 년 신라를 한눈에! 국립경주박물관

박물관

현재 우리나라에 있는 국립박물관은 모두 13곳. 그중 국립경주박물관은 규모로 보나 유물의 수준으로 보나 서울 국립중앙박물관의 뒤를 잇는 박물관이라 할 수 있어. 경주 남산이 신라 사람들의 믿음을 볼 수 있는 '지붕 없는 박물관'이라면, 이곳은 천 년 신라의 역사를 한눈에 볼 수 있는 '지붕 있는 박물관'인 셈이지.

국립경주박물관의 전시관은 '옥외 전시장' '신라역사관' '신라미술관' '월지관' 등으로 이루어져 있어. 넓은 대지에 범종, 석탑, 석불 등의 유물을 1,000여 점 넘게 전시하고 있는 옥외 전시장은 여느 박물관과 차원이 달라. 그 유명한 성덕 대왕 신종도 이곳에 전시되어 있어. 게다가 불국사에 있는 다보탑과 석가탑을 똑같이 본떠 만든 복제품도 있으니, 경주에 가서 시간이 충분치 않다면 이곳만 보고 가도 될 정도야.

신라역사관은 이름대로 신라 천 년의 역사를 다양한 유물들로 보여 주는 전시관이야. 까마득한 선사 시대의 돌도끼부터 고대 왕국 신라의 금관까지 만나 볼 수 있단다. 제1전시실에는 구석기부터 철

얼굴 무늬 수막새

천마총 금 허리띠

기까지 신라의 초기 역사를 대표하는 유물들이 있어. 신라가 처음 세워질 무렵의 역사를 눈으로 확인할 수 있지. 신라 고분에서 발굴된 유물들을 주로 전시하는 제2전시실에서는 화려한 신라 문화를 만나게 돼. 금관은 물론이고 금으로 만든 각종 장신구들, 새 날개 모양 관 꾸미개, 금제 관모, 금 허리띠 등을 볼 수 있지. 이 밖에도 신라 백성들의 생활을 엿볼 수 있는 토우 장식 목항아리도 여기에 있단다. 제3전시실과 제4전시실에는 신라의 전성기와 삼국 통일 전쟁 그리고 통일 이후의 역사를 전시하고 있어. 전쟁의 필수 장비인 갑옷, 무기 등과 얼굴 무늬 수막새, 통일 신라 시대에 유행한 십이지상 등을 볼 수 있지. 십이지상이 뭐냐고? 열두 가지 띠 동물의 얼굴에 사람의 몸을 붙여 만든 상이야.

신라미술관은 신라를 대표하는 불교 예술을 한자리에서 볼 수 있는 공간이야. 특히 남산에서 미처 보지 못했던 다양한 불상들을 살펴볼 수 있지. 월지관은 조금 전에도 이야기했듯이 월지에서 나온 유물들을 전시해 놓은 곳이야. 월지 바닥에서 나온 신라 시대의 배, 놀이용 14면 주사위, 건물 끝을 장식하는 아름다운 기와 등을 볼 수 있지.

옥외 전시장에서 신라역사관과 신라미술관, 월지관까지 꼼꼼히 둘러보려면 하루도 짧아. 그러니 국립경주박물관을 찾을 때는 하루 종일 찬찬히 둘러본다는 생각으로 여유 있게 일정을 짤 것! 시간이 부족하다면 홈페이지(gyeongju.museum.go.kr)에서 미리 대표 유물들을 확인한 뒤에 그것들 위주로 둘러보는 것도 좋은 방법이야.

옥외 전시장의 고선사지 삼층석탑

:: 알아 두기 ::
가는 길   KTX 신경주역에서 버스를 타고 월지 앞에서 내리면 바로 있어.
관람 소요 시간   2시간.
휴관일   매주 월요일, 1월 1일.
추천 코스   옥외 전시장에서 성덕 대왕 신종 등을 둘러보고 신라역사관, 신라미술관, 월지관 순으로 관람해 보렴.

찾아보기

ㄱ

가락바퀴 56
가야 103~105, 111, 112, 114, 119, 147~151
가야 건국 신화 111, 112
가야 금동관 151
간석기 12, 48~50, 52, 55, 56
갈판과 갈돌 56
「강서대묘 사신도」 25
검모잠 192, 193
계백 195, 187~189
고구려 82, 85, 91, 94, 98~100, 103~109, 113~121, 123, 125~128, 130, 138, 140, 148, 150, 152, 153, 157, 162, 166, 168, 171, 173, 175~178, 180~195, 197, 199, 201~203, 206, 208~211, 215, 230
고구려 건국 신화 105~107
고구려 고분 벽화 20, 25, 140, 170, 200
고구려 불꽃 뚫음 무늬 금동관 151
고구려 부흥 운동 192, 195, 199
고국원왕 114, 121
고국천왕 168
고연무 192
고인돌 64~67, 70, 75, 77~79, 81
고조선 12, 19, 22, 80, 82, 85~100, 117
곧선사람 30, 32, 33, 38
골품제 217~219
광개토 대왕 82, 115~117, 121, 144
광개토 대왕릉비 115
구석기 시대 21, 27~45
「구지가」 111
국내성 116
국자감 215, 216
그물추(돌그물추) 56, 57, 62
긁개 35, 40
금관가야 82, 111, 112
금동미륵보살 반가사유상 17, 24, 25
금와왕 105, 106
기독교 130
기마인물형 토기 145
김수로 82, 111, 112
김유신 119, 187~189, 191, 194~196
김춘추 184~186, 189, 194, 195

ㄴ

나당 동맹 186
나정 110
낙랑군 116, 117, 167
남북국 시대 203
농사짓기 52, 53, 114, 205
농업 혁명 52

ㄷ

단군 신화 86~90
단군(단군왕검) 12, 22, 82, 85~90, 92, 94, 98, 127
당(당나라) 172, 176, 181~183, 186~191, 193~195, 197, 201, 202, 204, 205~209, 215~217, 220
대가야 82, 119, 121
대조영 172, 200~203, 205, 208, 211
덕천 사람 33
도침 192
돌괭이 55, 56
돌낫 56, 62
돌도끼 38, 48, 49, 56
돌보습 55, 56
동굴 벽화 27, 42
동명 성왕 108, 112, 116
동모산 201, 202, 211
동북공정 91, 94, 211
동예 85, 98, 99
뗀석기 12, 34, 36, 39, 48, 49, 81

ㄹ

라스코 동굴 벽화 42
루시 29

ㅁ

마립간 118
마한 98~100, 114, 120
메소포타미아 문명 80
명도전 96, 97
목조미륵보살 반가사유상 152
몽촌토성 102, 103, 109, 122, 123
『무구 정광 대다라니경』 229
무늬 없는 토기 → 민무늬 토기
무령왕 154
무령왕릉 143, 149, 150, 154, 155
무왕 203, 205
문무왕 190, 191, 195
문왕 205
미송리식 토기 92~94
미천왕 116, 166, 167
미추홀 108, 109

민무늬 토기(무늬 없는 토기) 71, 72

ㅂ

바둑판 모양 고인돌 67
박혁거세 82, 110~112
반달 돌칼 72, 75, 81, 97
발해 91, 94, 172, 194, 199~212, 229, 231
발해 흥륭사 석등 205
백제 82, 100, 103~106, 109, 113~123, 125~129, 141~144, 147, 148, 150, 152~154, 157, 160~162, 172, 175, 177, 183, 186~188, 190~195, 203, 209, 215, 218
백제 건국 신화 106, 108, 109
백제 금동 관모 123
백제 금동대향로 141
백제 무령왕비의 금제 관 꾸미개 151
백제 부흥 운동 192, 195
법흥왕 118, 119, 127~129
베이징 원인 33
벼농사 57, 77, 100, 164, 230
변한 98~100
「별주부전」 185
보장왕 181
복신 191, 195
부여 85, 98, 99, 105~107, 109
부여 건국 신화 106
북한산 신라 진흥왕 순수비 119, 120
불교 116, 117, 119, 125~134, 137, 150, 152, 225~230
불국사 226, 228, 229, 231, 232
불의 사용 32, 38

비류 107~109
비파형 동검 91~94, 97
빈공과 216, 220
빗살무늬 토기 22, 50, 51, 62, 71, 72

ㅅ

사냥 31, 35, 36, 39, 40~43, 52, 54, 78, 94, 140, 150, 168, 230, 231
사로국 110, 111
살수 대첩 172, 176~178, 181, 183
삼국 통일 172, 175~195
『삼국사기』 109, 113, 166, 217
『삼국유사』 86, 87, 106, 109~111
『삼국지 위서 동이전』 100
『삼국지연의』 177
삼릉계곡 마애석가여래좌상 132
삼릉계곡 석조여래좌상 132
삼릉계곡 선각여래좌상 132
삼릉계곡 선각육존불 132
삼한 100
상경 205~207, 209
상기란 인 33
서울 암사동 유적 46~50, 58, 59, 62, 63, 71, 77
석가모니 126
석굴암 226, 227, 229, 231
선덕 여왕 147, 184, 185, 195
선사 시대 21
성덕 대왕 신종(에밀레종) 226, 228, 231, 232
성왕 119, 121
세계 4대 문명 80
세형동검 91~93
소서노 107, 108
소수림왕 116, 119, 127

손쓴사람 30, 31, 34
쇠뇌 183
수(수나라) 172, 176~182
「수렵도」 20, 140
수산리 고분 벽화 158
슬기사람(호모 사피엔스) 31, 33, 34, 38
슬기슬기사람(호모 사피엔스 사피엔스) 31, 34, 38, 42
슴베찌르개 35
신라 82, 103, 110, 111, 118~121, 125~135, 144~147, 175~197
신라 건국 신화 110, 111
신라 천마총 금관 151
신라 황남대총 북쪽 무덤 금관 144
신분 157~159
신석기 시대 19, 21, 22, 47~63
신석기 혁명 47, 52
십제 113, 116

ㅇ

아사달 86
아슐리안식 주먹 도끼 44, 45
안시성 싸움 172, 182, 183
역사 시대 22
역포 아이 33
연개소문 181, 182, 184~186, 188, 189, 195, 209
연꽃 도깨비 무늬 벽돌 143
연남생 195
영류왕 181, 184
예수 130
오스트랄로피테쿠스 12, 29, 30
옥저 85, 98, 100
온조 82, 107~109, 113
용머리상 204
용장사곡 삼층석탑 133, 134

우중문 178, 180
움집 53, 54, 57~59, 62, 77
웅진 도호부 190
원효 225
월지 214, 221~223, 233
위례성 109, 113
유네스코 세계 문화유산 66, 67, 229
유리 107, 108
유리왕 116
유화 105
율령 116, 118
을지문덕 176~181
의자왕 155, 188, 189, 196, 209
이슬람교 130
이집트 문명 80
이차돈 128, 129, 131
이차돈 순교비 129
인더스 문명 80
일연 86, 87, 109
잉여 생산물 73, 75

ㅈ

장수왕 82, 117, 118, 121, 154
전곡 선사 유적지 44, 45
정사암 회의 162
정착 생활 53, 54, 213
정토종 225
정효 공주 200, 212
제가 회의 162
제정일치 89
조개 팔찌 59, 61
조개더미(패총) 59, 60
졸본 106~108, 116
주먹 도끼 12, 27, 35, 38, 44, 45, 49, 75
주몽 82, 105~109, 202

지증왕 118
진대법 169
진한 98~100
진화 28~30
짐승 얼굴 무늬 수막새 139, 143
짐승 얼굴 기와 204
찍개 34, 35

ㅊ

참성단 85, 94
채집 40, 41, 52, 55, 57
철기 시대 97, 148
철로 만든 갑옷과 투구 147
첨성대 146, 147
청동 거울 67, 68, 70, 75, 94
청동 검 67~70, 91, 94
청동 방울 67, 68, 70, 75
청동 자루솥 122
청동기 시대 19, 21, 22, 27, 57, 65~81, 85, 94, 97, 159, 164
청천강(살수) 176
초원길 68
최초의 인류 12, 28~30
최치원 216~218, 220
충주 고구려비(중원 고구려비) 117
칠불암 마애불상군 135
침류왕 127

ㅌ

탁자 모양 고인돌 67, 92, 94
탑의 유래 133
태종 무열왕 184, 190, 195
토기 50, 51
토우 장식 목항아리 224, 233
통일 신라 203, 209, 215, 217, 221, 222, 224, 228, 229, 233

투마이 29, 30

ㅍ

파라오 127
8조법(고조선의 법) 95, 96, 160
평양성 117, 121
풍납토성 103, 109, 122, 123, 163

ㅎ

하백 105, 106
한(한나라) 98, 99, 116, 117, 175
한강 유역 103, 104, 113, 114, 117, 119~121, 123, 183~185
한사군 116, 117
'함화 4년'이 새겨진 불비상 198, 206
해동성국 199, 209
해 뚫음 무늬 금동 장식 140
해모수 105
헤로도토스 101
호모 사피엔스 31, 33
호모 사피엔스 사피엔스 31, 34
호모 에렉투스 30, 31
호모 하빌레스 30, 31, 47
홍익인간 86, 88, 90
화랑도 119
화백 회의 162
화석 인류 28, 29, 31, 33, 34
환웅 86~90
환인 86
활비비 38
황산벌 전투 187
황허 문명 80
후삼국 시대 209, 210
흑치상지 192
흥수 아이 34

참고한 책과 사이트

강선주 『마주 보는 세계사 교실 1』, 웅진주니어 2007.
강종훈 외 『미래를 여는 한국의 역사 1』, 웅진지식하우스 2011.
권오영 『고대 동아시아 문명 교류사의 빛, 무령왕릉』, 돌베개 2005.
김부식 『삼국사기 1~3』, 이재호 옮김, 솔출판사 1997.
김태식 『화랑세기, 또 하나의 신라』, 김영사 2002.
박노자 『거꾸로 보는 고대사』, 한겨레출판 2010.
박은봉 『한국사 편지 1』, 책과함께어린이 2009.
빌 브라이슨 『거의 모든 것의 역사』, 이덕환 옮김, 까치 2003.
송기호 『발해를 찾아서』, 솔출판사 2002.
송호정 외 『아! 그렇구나 우리 역사 1~6』, 여유당 2002~2005.
아틀라스 한국사 편찬위원회 『아틀라스 한국사』, 사계절 2004.
『역사비평』 편집위원회 『논쟁으로 읽는 한국사 1』, 역사비평사 2009.
역사신문편찬위원회 『역사신문 1』, 사계절 1995.
오강원 외 『마주 보는 한국사 교실 1~3』, 웅진주니어 2008.
윤경렬 『겨레의 땅 부처님의 땅』, 불지사 1993.
이덕일 『이덕일의 세상을 바꾼 여인들』, 옥당 2009.
이이화 『한국사 이야기 1~4』, 한길사 1998.
일연 『삼국유사 1, 2』, 이재호 옮김, 솔출판사 1997.
임기환 외 『현장 검증 우리 역사』, 서해문집 2010.
전국역사교사모임 『우리 아이들에게 역사를 어떻게 가르칠 것인가』, 휴머니스트 2002.
정수일 『한국 속의 세계-상』, 창비 2005.
한국방송통신대학교 문화교양학과 『한국문화와 유물유적』, 한국방송통신대학출판부 2007.
한국사특강편찬위원회 『한국사특강』, 서울대학교출판부 2008.
한국생활사박물관편찬위원회 『한국생활사박물관 1~6』, 사계절 2000~2002.
한국역사연구회 『삼국시대 사람들은 어떻게 살았을까』, 청년사 2005.
한영우 『다시 찾는 우리 역사 1』, 경세원 2010.
한영우선생정년기념논총 간행위원회 『63인의 역사학자가 쓴 한국사 인물 열전 1』, 돌베개 2003.
호리고메 요조 『역사를 보는 눈』, 박시종 옮김, 개마고원 2003.
황원갑 『인물로 읽는 삼국유사』, 청아출판사 2010.

국사편찬위원회 history.go.kr
문화콘텐츠닷컴 culturecontent.com
한국사데이터베이스 db.history.go.kr
한국역사통합정보시스템 koreanhistory.or.kr

사진 제공

강화역사박물관	64면(강화역사박물관), 71면, 76면, 78~79면, 81면, 92면
국립경주박물관	129면, 222면, 224면, 232면, 233면
국립민속박물관	200면, 213면(제1전시실, 제3전시실)
국립부여박물관	142면
국립중앙박물관	17면, 21면, 22면, 24면(금동미륵보살 반가사유상), 25면, 35면(찍개, 긁개, 슴베찌르개, 주먹 도끼), 49면, 56면(돌도끼, 갈판과 갈돌, 가락바퀴), 62면(빗살무늬 토기), 72면, 84면, 91면, 96면, 115면, 119면, 122면(풍납토성에서 나온 청동 자루솥), 136면, 139면, 140면(말 탄 사람이 그려진 벽화 조각), 143면, 144면, 145면, 147면, 149면, 151면(백제 무령왕비의 금제 관 꾸미개, 신라 천마총 금관, 가야 금동관), 153면(유리병, 뿔 모양 술잔, 미륵보살 반가사유상), 155면
굿이미지	14면, 46면, 123면(몽촌토성), 154면
동북아역사재단	158면
멀티비츠	214면(월지)
문화재청	110면
부산박물관	56면, 57면
불교중앙박물관	229면
(사)현정회	89면
서울 암사동 유적	56면(돌낫, 그물추, 돌보습), 62면(선사 체험 마을), 63면(위에서 내려다본 서울 암사동 유적)
연합뉴스	63면(1970년대에 발굴된 움집터, 빗살무늬 토기 조각), 102면(몽촌토성), 122면(풍납토성), 132면(삼릉계곡 선각육존불, 삼릉계곡 선각여래좌상, 삼릉계곡 마애석가여래좌상), 135면, 205면, 225면, 227면
유철상	214면(국립경주박물관), 228면(불국사, 성덕 대왕 신종)
전곡선사박물관	26면, 44~45면
전쟁기념관	174면, 178~179면, 182면, 183면, 187면, 196면, 197면
충북대학교박물관	34면
한국학중앙연구원	113면
한성백제박물관	123면(백제 금동 관모 복제품), 156면
WIKIMEDIA COMMONS	Eggmoon 132면(삼릉계곡 석조여래좌상), Ogawa Seiyou and Ueno Naoaki 152면, Prof saxx 42면, Rinux 228면(석가탑), Straitgate 231면, Zsinj 146면

이 책에 수록된 사진 중 일부는 원저작권자를 확보하기 위한 노력에도 불구하고 권리자의 허가를 확보하지 못한 상태로 출간되었습니다. 저작권자가 확인될 시 창비는 원저작권자와 최선을 다해 협의하겠습니다.

All reasonable measures have been taken to secure Korean translation copyright of the photos in this book, but some of them couldn't be legally secured. If the copyright holders appear, Changbi will take responsibility for the use of the photos and discuss the best way of copyright use.

'재미있다! 한국사' 시리즈에 자문해 주신 선생님들

강무석 수원 율전초등학교	김성주 서울 군자초등학교	김현정 광양 옥룡초등학교	박정순 용인 서원초등학교
강선하 인천 해원초등학교	김성주 포천 선단초등학교	김현정 공주 태봉초등학교	박정은 남원용성초등학교
경현미 양산 소토초등학교	김세왕 인천장도초등학교	김현진 원주삼육초등학교	박정환 안양호암초등학교
공병묵 인천 서림초등학교	김송정 용인 성복초등학교	김혜정 서울 구암초등학교	박주송 대구도원초등학교
곽형준 창원 토월초등학교	김수진 인천병방초등학교	김희숙 광주 장덕초등학교	박지민 서울언주초등학교
구서준 서울보라매초등학교	김순선 부산 기장초등학교	나진경 인천안남초등학교	박진환 논산 내동초등학교
구양은 수원 갈곡초등학교	김시연 양평초등학교	남지은 동해초등학교	박해영 동대구초등학교
구윤미 대전버드내초등학교	김영희 광주 미산초등학교	노경미 창원 사파초등학교	박현웅 고양 상탄초등학교
권동근 포항 신광초등학교	김외순 서울천왕초등학교	노하정 안산 시랑초등학교	박현주 대구남산초등학교
권민정 인천원당초등학교	김윤정 서울 신자초등학교	문재식 해남 서정분교	박혜옥 남양주 진건초등학교
권윤주 광명 하안북중학교	김은미 수원 효성초등학교	문철민 순천인안초등학교	박효진 오산 운산초등학교
권지혜 부산 연제초등학교	김은형 성남 서현초등학교	문희진 서울언북초등학교	방세영 서울천일초등학교
권태완 파주 연풍초등학교	김재수 서울 중랑초등학교	민선경 서울당중초등학교	방혜경 안양 관양초등학교
권효정 서울계남초등학교	김정수 밀양초등학교	민지연 대전두리초등학교	배능재 대전성모초등학교
길혜성 화성 능동초등학교	김정아 서울삼선초등학교	박경진 대구 운암초등학교	배현진 남양주 평동초등학교
김경아 경주 아화초등학교	김정은 서울상일초등학교	박길훈 남양주 수동초등학교	백미연 상주남부초등학교
김고은 대구 운암초등학교	김주현 창원 진해웅천초등학교	박미숙 대구관문초등학교	백소연 천안 성환초등학교
김기옥 청주 각리초등학교	김지영 서울 가주초등학교	박미영 부천 상원고등학교	봉혜영 인천 심곡초등학교
김기호 대구 관문초등학교	김지인 부천 부인초등학교	박상휴 파주 해솔초등학교	설명숙 군산푸른솔초등학교
김나미 대전상원초등학교	김진아 서울가동초등학교	박선옥 고양 행신초등학교	설성석 대구태전초등학교
김나영 남양주월문초등학교	김진영 서울 수색초등학교	박선하 서울일신초등학교	성기범 창원 해운초등학교
김명준 안산 덕성초등학교	김찬경 제주 서귀포초등학교	박송희 광주 광림초등학교	손미령 제주 한천초등학교
김문희 대구동부초등학교	김취리 서울수암초등학교	박수연 동대전초등학교	송유리 인천당하초등학교
김보라 서울 두산초등학교	김태영 김포 신양초등학교	박순천 서울 상곡초등학교	송정애 대전갑천초등학교
김보람 제주 도남초등학교	김행연 용인 산양초등학교	박연신 서울동교초등학교	송지원 서울사당초등학교
김보미 서울 전농초등학교	김현경 부산 명덕초등학교	박영미 시흥 도일초등학교	송지혜 서울오현초등학교
김봉준 시흥도원초등학교	김현랑 광주 장덕초등학교	박영수 고양 오마초등학교	시지양 파주 장파초등학교
김상일 서울천왕초등학교	김현아 광주 매곡초등학교	박은정 안양 호계초등학교	신수민 진천 상신초등학교
김선영 안양 호성초등학교	김현애 서울영림초등학교	박인숙 서울 숭덕초등학교	신은하 파주 금릉중학교
김선혜 인천동수초등학교	김현정 안산 석호초등학교	박정례 서울발산초등학교	신주은 인천 소양초등학교

신지영 남양주 진건중학교	이경희 고양 백양초등학교	장병학 김해 진영대창초등학교	최보순 순천 상사초등학교
심은영 고양 송포초등학교	이금자 포천 관인초등학교	장성훈 김천 개령서부초등학교	최영미 서울 면중초등학교
심지선 익산 낭산초등학교	이명진 서울계남초등학교	장영만 완도 보길초등학교	최영선 의왕초등학교
안시현 광주 불로초등학교	이미애 대구운암초등학교	장인화 천안 두정초등학교	최영순 울산 매산초등학교
양미자 부산 연동초등학교	이미옥 상주 백원초등학교	장희영 장흥 회진초등학교	최은경 울산 달천중학교
양선자 고양 일산초등학교	이미정 인천귤현초등학교	전미영 대구 신매초등학교	최은경 청주 덕성초등학교
양선형 고양동산초등학교	이상화 남양주 진건초등학교	전영희 동해중앙초등학교	최은경 군포초등학교
양유진 서울반포초등학교	이수진 고양 무원초등학교	정금도 진주 봉래초등학교	최정남 담양동초등학교
양정은 당진 원당중학교	이슬기 서울북가좌초등학교	정미나 부산 가야초등학교	최종득 거제 제산초등학교
양해란 화성 숲속초등학교	이애지 서울원신초등학교	정민석 남양주 진건초등학교	최지연 서울 강명초등학교
양혜선 춘천 동내초등학교	이어진 서울 반포초등학교	정수옥 군포 능내초등학교	최혜영 서울강명초등학교
어유경 안양 범계초등학교	이엄지 여주 죽립초등학교	정용석 고양 무원초등학교	하선영 대구 대서초등학교
엄혜진 서울 안산초등학교	이윤숙 가평 조종초등학교	정유정 서울신은초등학교	하영자 부천 범박초등학교
여유경 대전 대덕초등학교	이윤아 광명 하안남초등학교	정윤미 서울오류초등학교	한수희 대전성천초등학교
염선일 오산원일초등학교	이윤진 서울조원초등학교	정인혜 부천 부인초등학교	한은영 안산 선부초등학교
오선미 대전목양초등학교	이은경 서울 월계중학교	정지운 삼척초등학교	한주경 인천 부원여자중학교
오해선 거제 진목초등학교	이은숙 홍성 덕명초등학교	정하종 아산 용화초등학교	한지화 전주인후초등학교
우경숙 서울구로초등학교	이재숙 의왕 백운초등학교	정혜선 인천 공촌초등학교	함욱 시흥 함현초등학교
유경미 고양 무원초등학교	이재형 서울 영훈초등학교	조동화 서울 광성해맑음학교	홍성대 부산 삼덕초등학교
유다영 구리 구룡초등학교	이종화 남양주 진건초등학교	조미경 대구 운암초등학교	홍정기 남양주 진건초등학교
유소녕 서울아현초등학교	이준미 부산 신덕초등학교	조미숙 서산 부성초등학교	홍현정 대구 불로초등학교
윤민경 대구 강북초등학교	이준엽 남양주 진건초등학교	조민섭 포항 연일초등학교	황기웅 해남서초등학교
윤선웅 시흥 군서초등학교	이진영 서울 공릉초등학교	조은미 통영 진남초등학교	황성숙 화성 반송초등학교
윤영란 대전버드내초등학교	이현주 남양주 진건초등학교	조은희 서울 문성초등학교	황정임 양산 신양초등학교
윤영옥 화천 상승초등학교 노동분교	이형연 영광 백수초등학교	조한결 남양주 진건초등학교	황지연 김포 감정초등학교
윤일호 진안 장승초등학교	이형경 서울숭미초등학교	조한내 광명 광문초등학교	황혜민 김포 신곡초등학교
윤창희 시흥신천초등학교	이효민 남양주 장내초등학교	조형림 수원 곡정초등학교	*2014년 기준 소속 학교 표시
윤혜선 용인초등학교	임미영 천안 불당초등학교	진주형 김해 구봉초등학교	
윤혜자 화성 배양초등학교	임정은 의정부중앙초등학교	진현 수원 황곡초등학교	
이경진 울산 신복초등학교	임행숙 광양 옥룡초등학교	천진승 김해 생림초등학교